과학으로 풀어 보는 노아 홍수의 비밀!

창조과학 시간 여행

원작 이재만 | 만화 채홍범

창조과학 시간 여행

원작 | 이재만
만화 | 채홍범
초판 발행 | 2015. 4. 20
10쇄 | 2024. 11. 27
등록번호 | 제1988-000080호
등록된 곳 | 서울특별시 용산구 서빙고로65길 38
발행처 | 사단법인 두란노서원
영업부 | 2078-3333 FAX | 080-749-3705
출판부 | 2078-3331

책값은 뒤표지에 있습니다.
ISBN 978-89-531-2153-9

독자의 의견을 기다립니다.
tpress@duranno.com www.duranno.com

두란노서원은 바울 사도가 3차 전도여행 때 에베소에서 성령 받은 제자들을 따로 세워 하나님의 말씀으로 양육하던 장소입니다. 사도행전 19장 8-20절의 정신에 따라 첫째 목회자를 돕는 사역과 평신도를 훈련시키는 사역, 둘째 세계선교(TIM)와 문서선교 (단행본 · 잡지) 사역, 셋째 예수문화 및 경배와 찬양 사역, 그리고 가정 · 상담 사역 등을 감당하고 있습니다. 1980년 12월 22일에 창립된 두란노서원은 주님 오실 때까지 이 사역들을 계속할 것입니다.

과학으로 풀어 보는 노아 홍수의 비밀!

창조과학 시간 여행

원작 이재만 | 만화 채홍범

두란노

목차

:: 들어가는 글 ::

노아 홍수 어드벤처!

한두 번쯤 퍼즐 맞추기 놀이를 해본 적이 있을 거예요. 네다섯 조각으로 나뉜 간단한 것부터 수천 조각을 맞춰야 하는 복잡한 퍼즐까지, 그 종류도 참 다양하지요.

만약 누군가로부터 퍼즐 상자를 선물 받았는데, 그대로 짜 맞출 그림 없이 수북한 조각들만 있다면 어떤 기분이 들까요? 산산조각 나기 전의 그림이 산인지 강인지, 아니면 유명한 사람의 얼굴인지 전혀 알 수 없다면 말이에요. 아마 퍼즐을 완성하기가 쉽지 않겠지요.

그러다 원래의 그림을 알아차리게 하는 힌트가 주어진다면 어때요? 헛수고와 괜한 고생이 훨씬 줄어들고, 퍼즐을 완성할 가능성은 더 커지겠지요.

우리가 사는 이 지구도 거대한 하나의 퍼즐과 같아요. 산과 강, 절벽과 계곡을 메운 바위들, 그 속에서 저마다 살아가는 수많은 생물들…. 이 모두가 크고 작은 그림 조각들이랍니다. 주위를 한번 둘러보세요. 언제, 어떤 과정을 거쳐서 이 모습이 되었을까요? 또 원래의 지구는 어땠을까요? 곁에 남겨진 조각들을 이리저리 짜 맞추는 동안, 우리는 아주 먼 옛날 지구가 겪었던 일들을 상상해 볼 수 있지요.

특히 지질학을 연구하는 과학자들은 지구의 역사라는 퍼즐을 완성해 보려는 사람들이에요. 그것도 이리저리 흩어진 조각들만으로 거대한 그림을 짜 맞추려고 하죠. 지금까지 밝혀진 수많은 과학 지식을 총동원해서 원래 지구의 모습을 찾아가려는 거예요. 하지만 지식만으론 과거를 온전히 밝히기가 쉽지 않아요. 힌트가 필요하지요.

과거의 지구를 그리는 데 가장 결정적인 힌트는 무엇일까요?
지구의 첫 모습이 담긴 사진이나 동영상이 있다면 어때요? 또 직접 쓴 일기장이나 당시 그 모습을 보았던 목격자(증인)의 이야기를 들을 수 있다면요?
그런데 바로 여기, 지구의 과거를 보았다는 증인이 있답니다. 게다가 당시 상황을 적은 책도 남겨 놓았어요.
하나님께서 주신 성경 말이에요! 성경에는 하나님께서 세상을 어떻게 창조하셨으며 이 지구와 인류가 어떤 시간을 겪어 왔는지가 다 담겨 있어요. 그래서 성경의 이야기들을 힌트 삼아 퍼즐 조각들을 맞추다 보면 지구 전체의 역사를 가늠할 수 있지요. 성경은 지구의 지난 시간을 짚어 가는 데 가장 좋은 길잡이랍니다.

지금부터 성경 말씀을 등불 삼아 노아 홍수 시대로의 탐험을 시작해 볼까요? 오늘날의 지구를 만드는 데 커다란 영향을 끼쳤던 엄청난 사건의 현장에 직접 다녀오는 거지요. 그럼 이 땅과 하늘에 새겨 두신 하나님의 메시지를 좀더 쉽게 이해할 수 있겠지요.
우리 주변에 남겨진 퍼즐 조각들, 지층, 화석, 석탄, 산, 강과 같은 지질학의 단서들을 손에 쥐고 출발선에 서 봐요. 그리고 크게 숨을 한번 고르는 거예요. 자, 모두 준비되었나요?

성경 속 신기한 탐험의 세계로 여러분을 초대합니다!

등장인물 소개

오신기

호기심이 많은 장난꾸러기 소년. 새로운 물건이나 기계를 보면 시간 가는 줄 모르고 탐색에 빠져든다. 궁금한 것이 생기면 꼬치꼬치 캐묻는 습관이 있고, 의문을 해결해 보려다 가끔 사고를 치기도 하지만 내심 겁도 많다.

하나님을 사랑하는 마음 따뜻한 아이로, 신기한 전시물이 많은 창조과학관에 놀러가길 좋아한다. 얼마 전부터는 창조과학 연구실의 G와 친구가 되었고, 창조리 교수님과 성경 공부도 시작했다.

G

인공지능 컴퓨터. 함께 대화를 나눠 본 사람들마다 "Great!(훌륭해!)", "Great!(잘했어!)"라며 감탄을 연발해서 이런 이름이 붙었다. 특히 신기와 이야기 나누기를 좋아한다. 신기가 실수로 타임머신의 작동 버튼을 누르자 재빨리 올라타서 혼자 낯선 곳에 떨어질 뻔한 신기와 함께 노아 홍수 시대를 탐사하게 된다. 신기의 궁금증을 풀어 주며 위기가 닥칠 때마다 훌륭하게 문제를 해결한다.

타임머신

성경 시대 탐사를 위해 발명된 시간 여행 장치. 첨단 재료를 사용해 극심한 온도 차이나 압력에도 버틸 수 있게 제작되었다.

창조리 교수

성경을 믿지 못하는 사람들에게 각별한 애정을 지닌 창조과학자. 우리 주변에서 볼 수 있는 창조의 흔적을 찾아 소개하는 창조과학관을 운영하고 있다. 성경 시대를 직접 탐사할 수 있는 타임머신을 발명했고, 머잖아 탐사 여행을 계획 중이다.

줄거리

성경 공부를 할 때마다 도대체 무슨 일이 일어났던 건지 상상이 안 된다며 툴툴거리던 신기는 어느 날 창조과학 연구실에 놓인 새로운 기계를 보고 호기심이 발동한다. 요리조리 살펴보다 기계 안으로 들어가 복잡한 장치들을 만져 보던 신기, 누군가 연구실로 들어오는 인기척을 느끼고 깜짝 놀라 뒷걸음치다가 그만 실수로 계기판 옆의 작동 버튼을 누른다.

요란한 소리를 내며 작동하는 기계!

그리고 귓가에 들려오는 어렴풋한 G의 목소리.

"신기, 너 대체 무슨 일을 벌인 거야?"

얼마 후 정신을 차리니 아주 낯선 땅에 도착했다. 창조과학 연구실 조교로 일하는 인공지능 컴퓨터 G는 그곳이 노아 홍수 사건이 일어났던 시대라고 알려 준다.

신기와 G는 노아 홍수 때 일어났던 전 지구적인 큰 변화의 소용돌이에 휩쓸리면서 그 어마어마한 상황을 실감하게 되는데….

제1화

깊음의 샘이 터지다

쿠구궁
후드득
헉
헉
이, 이 녀석
어딜 간 거야?!

이제
시간이 없는데.
곧 시작
된다고!
타닥탁탁
룰루~
여기도
없고!
도대체
어딜 간 거야?!!
나 돌아갈래!
뭘 봐?
여기도
없어!

쿠구구구구
우아아악!!
시, 시작됐다!
트트트트트

쿠아앙!!
후갹!

콰앙!
왁!
아악!
펑!
크아악!
콰광!
쿠앙!

펑!
사, 살려 줘!
어서 녀석을 찾아야 해!
쿠앙
도망쳐!
퍼펑!
탁
펑!
광!
어서 집으로!
숨어야 해!
탁
탁
꺅!
아, 안 돼! 집 안으로 피하면 더 위험해!
슈슈슈슉
엥? 무슨 소리지?

슈욱
콰광!
크악
악!
크악!
뭐, 뭐야?
쿠앙!
펑!
어떻게
화산들이
한꺼번에
저렇게
터지는 거야?!
슈화아악
우아악!
또 온다!

슈욱
슝
솨악
쿠앙
콰광
펑!
우아아악!
살려 줘!!
쾅!

슝
크아악!
쿠앙!

우당탕탕!
아악!
이건 정말
장난이 아니잖아!
쿠르릉!
응? 이번엔
또 뭐야?!
푸하악!
우악! 그렇지!
좀 전에
땅에서 물이 터져
나왔었지?!

콰르르
으아악!
살려 줘!

콰앙!
쿠쿵!
쏴아아아~
아푸푸! 어느새 휩쓸렸어!
콸콸!
수욱
아악! 왜 밑으로 가라앉지?
꺄
크악
쿵
아악
콰앙
살려 줘!
쿠쿵
땅이 갈라진 곳으로 무너지고 있잖아?! 아악! 살려 줘!!!

으아아악~
키잉
덥석!
엥?
지잉~
쑤욱

펑
펑
이 바보야!
도대체 어딜 혼자
돌아다니는 거야?!
한참 찾아다녔잖아?!
바보? 내가
너 찾으려고
얼마나 고생을
했는데, 뭐?!
깡통 같은 게!
너 때문에
큰일 날 뻔했잖아!
뭐라고?
이곳에 오자마자
구경가고 싶다고
제멋대로
달려간 건 너야!
뭐? 깡통?!
혼나 볼래?
아악!
잘못했어!
들여보내 줘!
퍼펑
쿠앙

그런데 우리 원래 시대로 돌아갈 수 있을까?
휴~ 살았다
그러게 왜 함부로 이 기계를 만져서 사고를 친 거야?!
네가 갑자기 나타나니까 깜짝 놀라서 그랬잖아, 이 멍청아!
뭐? 멍청이? 너 다시 밖에 매달려 볼래?
티격
너 하기만 해봐, 가만 안 둬!
흥! 까불면 이 안에 확 쉬해 버릴 거야!
힝! 그러니까 진짜 쉬하고 싶은데?!
태격
안 돼!
펑!

※대격변: 상황 등이 갑작스레 매우 심하게 변함.

아! 깜짝이야. G, 우리 조금 안전한 곳으로 옮기자.
그래, 여긴 너무 위험해.
퍼펑
펑
콰앙
콰드드득
쿠쿵
콰광
콰콰콰콰
콸콸
쿠콰광
정말 엄청나다!
G, 아무튼 난 빨리 돌아가고 싶어.

교수님이
노아 홍수 이야기를
들려주실 때는
실감이 나지 않는다며
현장에 꼭 데려가 달라고
조르더니,
그런 기억 안 나니?
그야~
이 정도일
줄은 몰랐지!
그래, 너와 내가
뜻하지 않게
인류 최대 격변의
현장에 온 것도,
다~
이유가
있을 거야.
그,
그런가?
여기 온 김에
좀 더 자세히
알아보는 건
어때?
뭐?
너도 궁금한 게
많잖아?
좀 더 지켜보자~
응? 응?
막 터지는데
하지만 너무
위험하지
않을까?
그건 괜찮아.
나만 믿어!
이래 봬도
난 꽤 훌륭한
기계니까!
응? 응? 응? 응?
그만해
아, 알았다.
알았어!
야호!
어차피
교수님이 우릴
다시 데려갈
방법을 찾기
전까진 어쩔 수
없으니 뭐.

그건 그렇고,
노아 홍수에
방주는 어디 가고
온통 이 난리야.
타락한 인류를
멸하시려는
하나님의 심판이
시작됐어!

교수님께 들어서
보통의 홍수와
다르다는 건
대충 알고 있었지만
이런 광경은 정말
상상도 못했어.
땅속에서 물이
솟구쳐 오르질 않나,
화산 폭발에,
지진까지.
펑
쿠앙
퍼펑
영화에서 본
전쟁터보다
더 심한 것 같아.
쿠오!
콰드득
쏴아아아~
정작 비는 아직
오지도 않았는데…

그래, 보통 홍수라고 하면 비가 많이 오거나,
강이 범람해서 물난리가 나는 것을 생각해.
이제까지 우리가 경험해 본 홍수란 그 정도니까.
살려 줘!
엄청난 홍수야
하지만 보다시피 창세기 대홍수는 완전히 달라. 세상의 모든 물이 쏟아져 나오는 대격변이지.
하긴 그래. 비가 많이 오거나 강이 넘친다면 높은 곳에 올라가거나 다른 지역으로 피하면 그만이잖아?
모두가 죽지는 않았을 거야.
하지만 화산 폭발에다 지진까지 겹친 홍수는 상상도 못했어.
그게 바로 하나님께서 누구보다 정확하고 과학적인 분이라는 증거야.
엥? 하나님? 과학? 과학과 믿음은 좀 거리가 먼 거 같은데!
뭔가 다르다고!
헤헷! 모르시는 말씀!
간단한 예를 들어 볼까?

하나님이 창조하신 손을 봐.
손끝의 지문은 잘 보이지도 않지?
그런데 그 지문 모양이 사람마다
다 달라. 또 그 지문 때문에
물건을 미끄러뜨리지 않고
잘 잡을 수 있지.
아하!
신기하다
어떤 카메라보다 더 정확하게 볼 수 있는
우리 눈이 얼마나 대단한지는 알고 있지?
그렇다면 눈썹이나 속눈썹이 얼마나
소중한지도 아니? 그 섬세하고 예민한
눈에 먼지나 땀이 들어가는 것을 막아
주는 방패 역할을 해.
정말 완벽하게
과학적으로 창조하신 거야.
물론 하나님께선
과학의 원리를
무시하고도 멋진 작품을
만드실 수 있지만…
모든 것이
가능하시니까
그런 과학의
원리를 만드신 분이
그 원리에 따라
세상을 창조하셨으니
얼마나 위대하고도
꼼꼼한
분이시니!
아~
자! 그 이야기는
나중에 더
하기로 하고,
지금은 대홍수와
과학 이야기를
해보자.
대홍수와 과학?
재미있겠는데~
우르릉
쿠앙
쿠릉
퍼펑

기록에 의하면
대홍수는 깊음의 샘이
터지면서 시작되었어.
이것이 아주 중요해.
쿠앙
그래. 얼마나 많은 비가
쏟아져야 온 세상이
모두 물에 잠길지
잘 상상이 안 돼!

하늘의 창문이 열리며 비가 온 기간은 총 40일이야.
하지만 깊음의 샘에서는 비가 그친 후에도
계속해서 물이 뿜어져 나왔어.
그래서 비가 그친 후에도 물은 계속해서 불어났던 거야.
땅속에 그렇게나
많은 물이
있었단 말야?

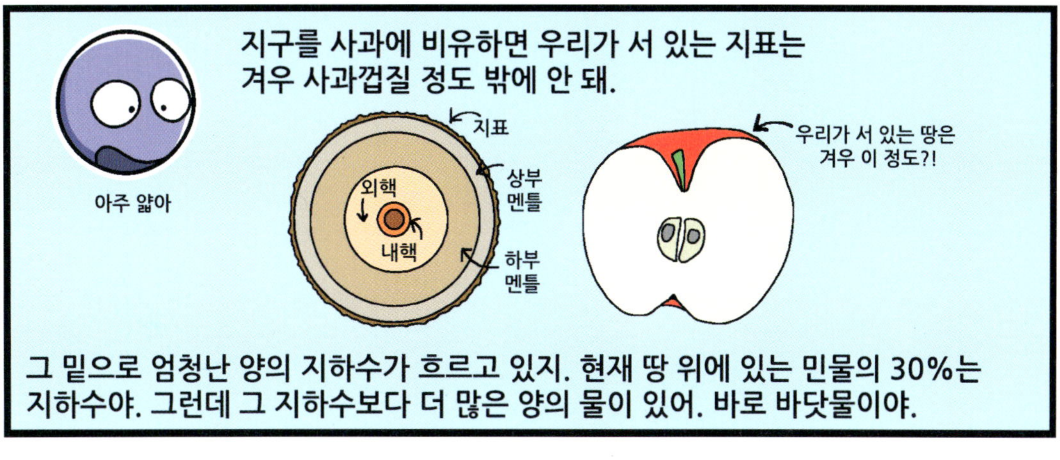
지구를 사과에 비유하면 우리가 서 있는 지표는
겨우 사과껍질 정도 밖에 안 돼.
아주 얇아
지표
상부
멘틀
외핵
내핵
하부
멘틀
우리가 서 있는 땅은
겨우 이 정도?!
그 밑으로 엄청난 양의 지하수가 흐르고 있지. 현재 땅 위에 있는 민물의 30%는
지하수야. 그런데 그 지하수보다 더 많은 양의 물이 있어. 바로 바닷물이야.

처음 바닷물의 양이 얼마였는지 모르지만, 그때 터진 깊음의 샘과 바닷물의 양을 합한 것이
지금 바닷물의 양이겠지. 지구를 평평하게 고른다고 할 때
평균 2.6km의 높이로 지구 전체를 덮을 만한 양이야.
백두산
2744m
부르즈 칼리파
828m
한라산
1950m
2.6Km
63빌딩
264m
우와! 2.6Km! 땅이 평평하지 않아서 정말 다행이다.
후훗, 그렇지?
마치 그릇처럼
보다시피 육지는 바다를 오목하게 담고 있단다.
그런데 땅속의 마그마가 지하수를 만나면 그 지하수가 수증기로 변하면서 압력이 아주 높아져서 지표면을 뚫고 나오는데, 이것이 화산 폭발이지.
그럼 대홍수 때도?
쿠앙!
펑!
콰광!

물론 하나님께선 그냥 빗물만으로도
이 세상을 모두 물에 잠기게 하실 수 있지.
아니면
그냥 이유 없이 물이
불어나게 하실 수도
있었겠지?
아아~
하긴 그렇지?

자! 또 하나, 아까 말했지만 지표는 아주 얇은 판에 불과해.
이런 얇은 지표에서 어마어마한 지각 변동이 발생한다면
지진이 일어나는 것도 당연하지 않겠어?
따로 지진을
일으킬 필요도 없어
샘과 화산이
터지고,
충격 발생
물이 빠져나간 공간으로
땅이 꺼져 버려.
충격 발생
충격 발생
으앗,
지진이다!
하긴, 지진은 지구
내부의 충격파가
지표를 흔드는
것이니까.
드드드드~

그럼 저 수많은 폭발들이
모두 지진을 동반한다는 거네?
그렇다고
볼 수 있지.
쿠앙
퍼펑
펑
지구 내부의
압력을 올려 주는
것만으로
이 모든 일이
일어날 수 있다니,
정말 놀라워.
이렇게 과학적인
현상이었다니!
투두둑
툭
어?
쏴아아~
비다! 하늘의 창문이
열리나 봐!

콰아아~
엥?
우악! 이건 비가 내리는 게 아니라 그냥 퍼붓는 거잖아?!
쏴아아
이런 비가 40일씩이나?! 이 정도라면 며칠만 퍼부어도 세상이 모두 잠기겠다!
쾅!
우악!

큰일 날 뻔했다. 방금 화산은 정말 엄청났지?
큰 화산일수록 더 큰 압력이 필요할 테니까, 나중에 터지는 화산일수록 그 시간만큼 강도도 무시무시하겠구나.
쏴아아~
쿠쿵
저기에 있던 사람들은 모두 어떻게 됐을까?
콰드득
대형 화산의 파괴력은 엄청나. 예를 들어 볼게.
서기 79년에 터진 폼페이 화산은, 그 지역의 도시를 잿더미 속에 파묻어 버리고 도시민 2만 명의 생명을 앗아갔어.
펑
헉! 2만 명이나? 단 하나의 화산 폭발로?

그때 터진
화산 폭발은
지하의 마그마를
하늘로
분출시켰는데
수 Km를 튀어 오른
이 마그마는 급격히
식으면서 돌이 되었고,
슈악
땅속에서 솟아오른
다른 암석들과 함께
시속 200Km의 속도로
땅에 쏟아졌지.
슈욱
시속
200Km?!
쿠쿵!
쾅!

그리고 화산 암석과 용암, 화산재, 가스 등이 뒤엉켜 산사태처럼 엄청난 속도로 무너져 내리는 것을 화세난류라고 하는데, 이 화세난류가 사람들을 덮쳤어.
쿠쿠쿠쿠~
그게 그렇게 위험한 거야?
이 화세난류는 굉장히 뜨거워서 500℃가 넘는 데다 시속 100Km의 속도로 사람들을 덮쳤던 거야.
500℃나 되는 뜨거운 불파도가 100Km의 속도로?!
그렇게나 빨리?
그럼 도망도 못 갔겠네?!
사람들은 화세난류에 닿기도 전에 질식사했고, 닿는 순간엔 바로 숯이 되어 버렸어.
마지막 모습 그대로 화석이 되어 버렸잖아!
아이도 있어. 불쌍해.

이 화산의 이름이
'베수비오'이고,
화산에 묻힌
도시가 바로
'폼페이'야.
폼페이?
나 알아!
들어 봤어!
아는 것
나왔다!
그래. 그보다
더한 사건이
지금 이곳에서
벌어지고
있는 거야.
정말
끔찍하지
화산 하나만으로도
그 정도인데,
쏴아아아~
여기선 아무도
살아남을 수
없겠구나!

그게 다가 아니야. 자연재해가 또 있어.
뭐? 이게 끝이 아니란 말이야?
깊음의 샘 + 화산 폭발 + 지진 + 폭우 + ?
이 장면들을 한번 봐.
엥? 지진으로 땅이 갈라진 것도 아닌데 집이랑 나무가 막 가라앉네?

물렁물렁
한 것 같아
땅이 이상해~
마치 늪이
되어 버린 것
같아.
맞아.
저게 바로
지진이 일으키는
무시무시한
토양액화 현상이야.
원래 우리 땅은 흙 알갱이들이 다닥다닥 붙어 있어서 단단해.
그래서 그 위에 놓인 사람이나 물건의 무게를 지탱할 수 있지.
그런데 큰 지진이 발생하면
흙 알갱이들이 들떠서 마찰력이 없어지고
악!
떨어졌다!
쾅!
그 성질이 액체처럼 변하는데,
이를 토양액화라고 해.
가라
앉는다!
출렁출렁

액체라면
물?
그래. 특히 토양액화가 나타난 지역에
물이 공급되면 액화 현상이 점점 더 빨라져.
물렁물렁이 아니라
그냥 물이 되는 거지
콰아
콰드드!

잠깐!
물 공급?
그렇다면?!
쏴아아아~
그래.
이 엄청난 폭우와
계속 터져 나오는
'깊음의 샘'의 물로
저 밑의 땅은 이미 액체가
되어 버린 것 같아.
펑
쿠앙
콰드드!
퍼펑
쿠쿵
쾅!

아이고, 무서워!
에그, 어쩌다 이런 벌을 받는지…
그러게 말이야.
펑
퍼펑
쾅!
하나님이 보시기에 세상이 죄로 물들고 무법천지가 되어서 사람과 땅을 함께 멸하셨던 거야. (창세기 6장 11~13절)
쿠아아~
어? 그런데 뒤에서 무슨 소리가?
끄아아악!!
이, 이게 뭐야?!!

창조과학 따라잡기

하늘의 궁창이 쏟아졌다고?

: 덮개효과 모델

성경에선 노아 홍수가 두 가지 사건을 거치며 시작됐다고 해요. '큰 깊음의 샘들이 터진 것'과, '하늘의 창문들이 열린 것' 말이에요(창 7:11). 깊음의 샘들이 터진 일은 지하수와 화산의 연이은 폭발, 그 충격으로 일어난 지진과 같이 땅의 격변과 관련된 사건을 가리키지요. 또 하늘의 창문들이 열린 일은 하늘에서 일어난 격변을 나타내고요. 이때 하늘의 창문들이 열린 일과 연결되는 것이 바로 창조과학자들이 발견한 "덮개효과" 모델이랍니다.

덮개효과 모델이 무언지 알아보기에 앞서, 먼저 하나님의 창조 역사가 담긴 창세기 1장을 읽어 볼까요? 성경에선 첫째 날의 세상을 묘사하면서 "하나님의 영이 수면 위에 운행하셨다"(2절)고 전해요. 둘째 날엔 "궁창을 만드사 궁창 아래의 물과 궁창 위의 물을 나뉘게 하셨다"(7절)고 하고요. 하나님이 궁창(하늘)의 물을 만드시고는 그 물을 둘로 나누셨다는 뜻이지요. 그런데 궁금하지 않나요? 성경에서 궁창 아래의 물은 다음날 한곳으로 모여 바다가 된다고 썼지만, 궁창 위의 물이 어떻게 되었는지는 가르쳐 주지 않으니까요. 그래서 옛날부터 사람들은 이 대목에서 고개를 갸웃거렸어요. 그러곤 이런저런 궁리 끝에 이런 생각에까지 다다랐지요. 궁창 위의 물이 그대로 고여 있다가 "하늘의 창문들"이 열리던 순간, 아래로 몽땅 쏟아졌다고 말이에요.

궁창 위의 물이 이미 다 쏟아졌다니, 이젠 더 이상 존재하지 않겠지요. 하지만 이전엔 분명히 있었어요. 성경에 그렇게 적혀 있는 걸요! 이처럼 성경에 적힌 일들을 사실로 믿는 과학자들은 지구의 역사를 설명하면서 덮개효과 모델이란 것을 찾아냈어요. 그들은 궁창 위의 물이 있었다가 사라졌다는 성경의 기록, 그리고 홍수 심판 전후로 일어났다는 기후 변화가 현대의 과학 이론과 서로 잘 맞아떨어진다는 점을 발견했지요. 그렇대도 과학자들의 이론은 어디까지나

가설일 뿐이에요. '이런 일이 일어나지 않았을까' 하고 생각하는 거지요. 그래서 법칙이 아니라 하나의 '모델'이라고 부른답니다.

덮개효과 모델을 주장하는 대부분의 창조과학자들은 "하늘의 창문들"이 열리기 전까지 궁창 위의 물이 액체 상태가 아니라 기체 상태, 즉 수증기로 존재했다고 생각해요. 수증기는 온실 효과를 일으키는 대표적인 기체이지요. 그러니까 이 수증기층이 이불처럼 하늘을 감싸고 있었던 태초에는 지구 전체에 따뜻한 기후가 유지됐을 거예요. 언제 어디서든 날마다 변함없이 온화한 날씨를 누릴 수 있었던 거죠. 이게 바로 궁창 위의 물에 관한 "덮개효과 모델"이란 거예요. 그러다 물이 지상으로 쏟아지면서 변화가 일어났지요.

성경에는 과학자들의 가설에 힘을 더하는 부분이 또 있답니다. 성경에서 '추위'와 '더위'라는 말은 홍수 심판 이후에 처음 등장하거든요(창 8:22). 그러니까 홍수 이전엔 추위와 더위에 대해서 굳이 적을 필요가 없었던 거예요. 추위와 더위란 것이 아예 없었으니까요!

태초부터 아담과 하와가 옷을 입지 않아도 될 만큼 지구의 날씨는 아주 좋았어요. 하지만 궁창 위의 물이 쏟아져 내린 후엔 완전히 바뀌었죠. 지구 전체에 급격한 온도차가 나타나고, 더위와 추위가 생겨났어요.

그런데 날씨만 바뀐 게 아니에요. 사람의 수명도 줄어들었죠. 창세기 5장에 나오는 족보를 함께 살펴볼래요? 홍수 이전에는 인간의 수명이 무려 900살도 넘었어요. 그래서 아담은 930살, 므두셀라는 969살까지 살았지요.

그렇게나 길던 수명이 홍수 이후로 갑자기 짧아져서 오늘날에 이른 거예요. 지금도 환경 변화는 생명체가 목숨을 이어 가는 데 많은 영향을 미치죠. 특히 해로운 광선이나 급격한 추위와 더위는 목숨을 잃게 하는 원인이 되고요. 그런데 궁창 위의 물이 사라진 후 세상은 해로운 광선이 지표면까지 이르는 환경, 극심한 추위와 더위가 몰아치는 환경으로 뒤바뀌어 버렸어요. 그러니 사람의 수명도 차차 줄어들 수밖에요.

어때요, 홍수 심판 이전과 이후의 변화에 관한 덮개효과 모델이 참 흥미롭지 않나요? 그런데 과학자들의 설명보다 더 흥미롭고 중요한 건 성경 말씀이에요. 이 점을 꼭 기억해야 한답니다.

성경에선 오늘의 지구 환경이 창조된 그대로가 아니라고 분명히 말하죠. 아담과 하와가 죄를 짓기 전, 지구가 처음 창조되었을 땐 가시덤불도 추위와 더위도 없었거든요. 그렇게 살기 좋던 지구가 범죄와 홍수 심판을 겪으면서 오늘날의 좋지 않은 상태로 변한 거예요. 그 결과, 우리는 나쁜 환경에 둘러싸여 살아갈 수밖에 없고요.

아, 정말 슬픈 일이 아닌가요? 그 온화하고 쾌청하던 처음 날씨가 영영 사라져 버렸다니! 하지만 흠 없이 좋았던 태초의 모습을 마음껏 상상할 순 있잖아요. 성경에 기록된 지구의 첫 모습을 떠올리면서, 우리가 가게 될 정말 좋은 천국을 그려 보자고요.

제2화

저탁류에 빠지다

쿠쿠쿠쿠쿠~
우악!
응?
쏴아아~
저, 저!
콰과과~
응? 뭐야? 무슨 일인데?
푸학!
도, 도망 가야 해!
으아악! 파도다!

화악
콰르르르~
쿠르르
꼬르륵
꾸르릉
쿠릉

꾸르륵~
꾸륵~
쿡
꾸륵
아코~ 뭐야?
꼬륵
뭐가 어떻게 된 거야?
그런데 여긴 어디지?
엥? 바다 밑바닥?
아! 큰 파도에 휩쓸렸지?
그렇게 큰 파도가 있다니.

야! G!
어떻게 된 거야?
그렇게 큰 파도에
대한 이야기는
없었잖아?
응?
엥? 뭐야?!
너 어디 갔어?!!
잠잠~
너, 너 설마
고장 난 거야?
이런 데서 고장 나면
난 어쩌라고!!!!
G!!

야! 정신 차려!
쾅
쾅
G! G!
야! 이 해삼
말미잘
똥개야!!
쿠쿠쿠쿠쿠!
잉?
쿠아앙!
둥실
펑
펑
퍼펑
휘릭
으악!
으악!
휙
그, 그렇지?
지구 전체가
지금 격변하는
중이라고 했지?
둥실
쾅
그렇다면
바닷속이라고
안전하진 않다는
거잖아?!

으악!
어, 어쩌지?
푹
이제 공기도
얼마 남지
않은 것 같다고!
교, 교수님~
아이쿠!
무서워요~
하나님~!
콰르르르르!
에?
이건 또
뭐야?!!
콰콰콰!
우르르

콰드드!
와르르
우, 우악! 산사태다! 살려 줘어어어!!
G! 일어나! G!!

콰악
쿠쿠쿠쿠!
아악! G! 정신 차려, 산사태야! 파묻혀 버린다고! 제발 정신 차려!!!
와르르
꺄악!
쿠오오~
푸시식~
꼬록
꼬록

삐-
삐-
삐-
삐-
삐-
삐삐삐삐삐-
푸학!
슈슈슝~

신기야!
괜찮아?
너 뭐야?!
결정적일 때
고장 나고!
죽는 줄
알았다고!
헤헷, 미안 미안~
쓰나미의 충격 때문에
잠시 작동 불능 상태가
되었어.
쾅
쾅
쓰나미?
그 큰 파도를
이야기하는 거야?
그래.
너도 쓰나미는
알지?
응. 몇 해 전
일본에서
쓰나미 때문에
큰 재해가 있었잖아.

해저 지진에 의해 생기는 거대한 파도를 '쓰나미'라고 하는데,
지금도 엄청난 인명 피해를 내는 것으로 악명 높아.
방대한 양의 물이
아주 넓은 지역으로
빠르게 돌진해서
덮치기 때문이야.
많은 물이
갑자기 들이
닥친다는 거지?
갑자기 엄청난 속도로
덮치기 때문에
피할 겨를도 없지.
얼마나
빠르길래?

쓰나미는 시속 600~1,000Km로
오늘날의 비행기 속도와 비슷해.
슈웅
우악!
비, 비행기?
그래. 말하자면 지구 어느 곳에서 쓰나미가 발생하더라도
하루가 채 되지 않아 그 영향권 안에 들어간다는 것이지.
중국
일본
진원지
1시간
미국
쓰나미 도달 시간
호주
그럼 지금 이곳에
지진이 마구
발생하고 있으니까!
쓰나미도
엄청 많이 일어난다는
거잖아?
맞아. 지금 이 바다의 상태는
통 속에 물을 넣고
마구 흔들어대는 것과 같아.
우갸갹!

거기다 바닷물의 양이 육지 면적보다 훨씬 많으니까 이 쓰나미만으로도 육지를 덮어 버리는 게 가능하겠지?
참고로 현재 지구 면적의 약 70%가 바다야.
와, 그럼 지구를 초토화시킬 수 있는 재해가 도대체 몇 가지나 한꺼번에 일어난 거야?
깊음의 샘 + 폭우 + 화산 + 지진 + 토양액화 + 쓰나미 …
그것도 모두 초대형!
아무리 미리 대비한다고 해도 살아남을 수 없었겠어.
물론이지! 그만큼 무서운 거야.
그런데 내가 정신 차렸을 땐 흙더미 속이던데 어떻게 된 거야?
아! 그래! 갑자기 산사태 같이 흙이랑 모래들이 왕창 밀려왔어!
산사태? 아~ 저탁류를 말하는 거구나?

※저탁류: 물속에서 흙이 중력에 의해 낮은 지역으로 흘러들어 간다고 해서 '수중중력류'라고도 함.

그럼 그 저탁류에
막 다 파묻히고
그랬겠네?
물론이지! 그리고
저탁류가 덮친 곳엔
아주 특이한 형태의
흔적이 남는데,
그게 바로
지층이야.
아! 지층!
나도 배웠어!
아는 것
나왔다!
자갈, 모래, 진흙, 화산재 같은 것들이
바다 밑, 강바닥 또는 육지에
차곡차곡 쌓여서 층을 이루는 것을
지층이라고 하지?
자갈
모래
진흙

지층이 만들어지는 과정을 관찰하기 위해 지질학자들이 '자유낙하 실험'을 했는데 그 결과가 아주 흥미로워.

굵은 흙과 고운 흙을 섞어 비커에 담은 뒤 아래로 쏟아붓는 실험이었는데 그림처럼 굵은 흙, 고운 흙이 층을 이뤄 순식간에 지층이 생긴 거야.
흙의 굵기에 따라 굴러가는 패턴이 달라서 비슷한 성질의 흙끼리 함께 쌓였던 거야.

물탱크에 흙을 넣었다가 흘려보내는 실험도 있어. 마찬가지로 굵은 흙, 고운 흙이 저마다 움직이는 패턴이 달라서 비슷한 성질을 가진 흙끼리 차곡차곡 쌓이는 것을 관찰할 수 있었어.

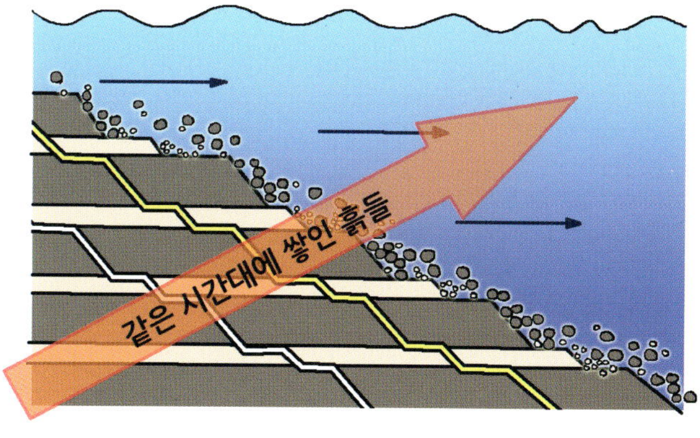

그런데 여기서 특이한 점은 1층, 2층, 3층의 빌딩처럼 아래 놓인 지층이 먼저 형성되고 위에 놓인 지층이 나중에 형성된 것이 아니라는 거야.
흙과 물의 출발지에서 가까운 곳은 위의 지층이라 할지라도 먼저 만들어지고, 멀리 있는 곳은 흙이 나중에 도착하게 되므로 아래 놓였다고 할지라도 나중에 형성된 것이지.

저탁류가 이렇게 지층을
만들었구나!

그럼 그런 저탁류는
얼마나 넓은 곳에서
발생한 거야?
저탁류가 발생한 지역은
현재의 지층 분포로 가늠해 볼 수 있는데
두께가 수 Km에 달하는 두꺼운 지층들이
오늘날 육지 면적의 약 75%를 차지해.
그만큼 엄청난 양의
저탁류가 발생했다는 뜻이지.

75%
우와! 그렇게나 많이?
하긴, 온 지구가 지금 이 지경이니…
그래. 그리고 이 지층에는 재미있는 것이 숨어 있는데,
바로 화석이야.
아! 화석!
땅속에 공룡 뼈 같은 게 묻혀 있는 거잖아!
이것도 알아!
오래전에 살았던 생물의 시체나 흔적이 퇴적층 사이에서 발견되는 것을 화석이라고 해.
우와~
현재 발견되는 화석에는 당시 살았던 생물의 선명한 모습이 잘 간직된 경우가 많아.

이 화석들 또한
지층이 오랜 시간이 아니라
짧은 시간에 격변에 의해서
만들어졌다는 좋은 증거가 돼.
엥? 화석도
지층이 짧은 시간에
만들어졌다는
증거라고?
어떻게?
그냥
죽으면
다른 동물에게
먹히거나,
썩어 버리겠지!
아직
안 덮혔는데
오오!
동물은 죽은 다음에
바로 썩어 버려서
화석이 될 수 없으니까.
저탁류다!
묻혔어
이제 나
화석 되는 거야?
저탁류와 같이 급격한 사건으로
살아 있을 때 순식간에 파묻혀야만
화석이 될 수 있다는 거지.
아하!

이 물고기 화석을 봐.
아가미, 등뼈, 지느러미, 꼬리지느러미까지 생생하지?!

이건 조개 화석이야.
모두 입을 다물고 있지.

조개는 죽으면 입을 벌릴까?
아니면 입을 다물까?

이런 화석들을 보면 물고기나 조개가 살아 있을 때
순식간에 저탁류에 묻혀서 화석이 되었다는
것을 알 수 있어. 또 발견되는 화석의 99%가
해양생물 화석이고, 0.0025%만 육상동물 화석이야.
이것은 육상동물들은 물에 빠지면 물에 뜨기 때문에
저탁류에 매몰되기 어려워서
화석이 될 가능성이 떨어진다는 것을 보여 주지.

그럼 조금 전에 우리와 같이 파묻힌 물고기나 조개들은 나중에 화석이 되겠네?
실제로 화석이 되기까지 그리 오랜 시간이 걸리진 않아. 수개월 만에 지금 우리가 보는 것 같은 단단한 화석이 되지.
지층이나 화석은 이렇게 만들어지는 것이었구나~
자! 이제 나가 볼까?
슈슉~
광
쿵
콰앙
쿠쿵

슈웅~
파앗
아직도
비가 많이
내리고 있네?
이제 땅은
거의 보이지 않아.
쏴아아~
어? 저건?
!

철썩
사람들이야!!
살려 줘!
크악
철썩
꾸에엑
저건
공룡?!
철썩
물을 피해
도망 다니다
휩쓸린 거야.
그럼 결국
저 사람들
모두?

그래. 모두 멸절될 거야.
하나님께서 그러기로
작정하셨으니까.
쏴아아~
*멸절: 멸망하여 아주 없어짐
에이, 그러게
하나님 말씀 좀
잘 듣지…
가자.
어? 그런데
저건 뭐지?
응? 뭐?

출렁
저기 봐!
저기 육지가 있어!
출렁
에? 그런데
막 출렁이네?

아, 저것?
자세히 봐.
저건 육지가 아니야.
철썩
철썩
출렁
출렁

뭐야?
나무들이잖아?
그래. 토양액화나 지진으로 뿌리 뽑힌 나무들이 저렇게 물 위를 떠다니는 거야.
우와, 엄청 많다. 난 멀리서 보고 육지인 줄 알았어.
저게 다 석탄이 되면 우와~!
석탄?
그 연탄 만드는 원료?

지금도 석탄은 연탄 뿐 아니라 화력 발전소에서 아주 중요한 연료로 쓰이지.
저 나무들이 나중에 석탄이 되는 거야.
응? 저 물 위에 떠 있는 나무들이?
여기 후손들은 연료 걱정은 없겠다.
부럽다!
그래, 나무가 늪 같은 곳에서 흙 속에 묻혀 열과 압력을 받으면 석탄이 된다고 배웠어.
그런데 여긴 바다잖아?
후훗! 잘 기억하고 있네. 그래서 과학계에선 해수면이 높아졌던 시기가 있었다고 생각해.
※ 해수면 : 바닷물의 표면
잘 생각해 봐. 현재 석탄이 묻혀 있는 곳은 어마어마하게 넓은 지역이야.
상식적으로 그 모든 곳에 늪이 있었다고 보기는 어렵지 않겠어?
나무는 땅에 뿌리를 내리고 자라잖아? 바다에서 나무가 자랄 수는 없고,
나무가 움직일 수도 없으니 나무가 있는 곳에 늪이 생겼다고 해야 말이 되겠지.
그래서 나무가 자라던 곳에 바닷물이 넘쳐 들어와서 늪이 되었다고 추측하는 거야.

아하!
해수면이 높아지면
그만큼 늪이 많아지겠네?!
그럼 그곳에 나무가 쌓여서
석탄이 되는 것이구나!
후후, 맞아.
하지만 조금만 더
생각해 볼까?
만약 수면의 상승 속도가 조금만 빠르거나 느렸다면
석탄은 만들어질 수 없었어.
수면의 상승 속도가
너무 빠르면
늪이 만들어지지 못한 채
물에 잠겨 버리게 되고,
난 이미
없어진 뒤라네~
너무 늦어 버리면
늪에 쌓이기 전에
죽은 나무들이
썩어 버리니까.
그런데 가끔 이렇게 여러 지층에 걸친 나무 화석이 발견되기도 해,
지층이 만들어지고 굳어지기 전에 나무가 떨어져 그대로 굳은 거지.
석탄층이나 지층이 천천히 형성된다는 이론으로는
이런 경우를 설명하기가 쉽지 않지.
아~
석탄층이 천천히
만들어졌다면
나무가 저 지층에
다 묻히기도 전에
썩어 버리겠네.

하지만 저 나무들은 그냥 물 위에 떠 있잖아?
어떻게 땅속으로 들어간다는 거지?

훗! 자~
좋은 예를 하나 들어 줄게.

1980년 미국 북서부 워싱턴 주에 있는
세인트헬렌스 화산이 폭발을 일으켰어.
쾅!
단 9시간의 폭발로
주위를 초토화시킨 화산의 위력도
어마어마했지만,
지금 주목해야 할 부분은
화산 폭발이 끝난 뒤의 일이야.

그래서 조사를 해보니까, 글쎄 호수에 빠진 나무들이 물에 젖거나 서로 부딪치면서
나무 껍질이 몸통에서 떨어져 나가 호수 아래로 가라앉았던 거야.
그리고 호수 밑바닥에는 가라앉은 나무 껍데기 층이 1m 가량 쌓여 있었대.

석탄 전문가들은 나무껍질인 석탄에 비해 실제 나무 화석이 그리 많지 않은 이유를
궁금해 하지만, 노아 홍수 모델로는 아주 쉽게 이해되지. 나무의 대부분은 물 위에
떠 있었기 때문에 저탁류에 매몰되기 쉽지 않아서 그만큼 화석이 되기도 어려웠겠지.

그럼 그게?
만약 그 껍데기 층에 저탁류가 덮히고, 적당한 온도와 압력이 가해지면…
석탄이 되는 거구나!
그래! 현재 발견되는 석탄층이 지층과 같은 모양인 것도 이렇게 만들어졌기 때문이지.
중간에 나무가 있었던 것도 설명이 되네?
난 껍질과 함께 가라앉았던 거야.
그러니까 중요한 것은 석탄을 이루는 주성분이 나무보다는 나무껍질이라는 점이야. 물에 불은 나무껍질들이 벗겨져서 물속에 가라앉았다가 저탁류에 묻히고 열과 압력을 받은 거지.
아하! 나무껍질!

석탄의 주성분이 나무껍질이었다니,
알고 있던 것과는 많이 다르구나!
지층이랑 화산도 그렇고.
과학은 불변의 진리가 아니야. 새로운 발견이 나올 때마다 곧잘 바뀌지.
잘못된 지식이 대접받기도 하고. 한때 지동설을 주장하던 갈릴레이 같은 과학자는 죄인 취급을 받았잖아.
많은 사람들이 빨리 이 사실을 알게 되면 좋겠어.
후후, 언젠간 그렇게 될 거야.
그럼 가 볼까?
이젠 물에 휩쓸렸던 사람들도 안 보여.
어? 저건?!

창조과학 따라잡기

공룡은 진짜 있었을까?

지구의 지층 속에는 수백억 구가 넘는 화석들이 묻혀 있어요. 그중 99% 이상이 조개나 물고기 같은 해양 화석이죠. 육지 동물의 화석은 아주 드물게 발견되는데, 그 가운데 거대한 공룡의 화석이 있답니다.

그런데 공룡은 어쩌다 화석이 되었을까요? 이 질문의 힌트 역시 성경에서 찾을 수 있어요. 성경은 홍수 심판 때 방주 밖의 모든 육지 동물이 죽었다고 전해요. 그러니까 그때 공룡도 죽었겠지요. 단, 노아의 방주에 모든 동물이 그 종류대로 탔으니까, 공룡 한 쌍도 방주에 머물렀을 거예요. 그 밖의 공룡들은 모두 익사했고요. 그때 공룡의 사체 중 몇몇이 순식간에 저탁류에 묻혀서 화석으로 남겨진 거랍니다.

그렇다면 방주에서 살아나온 공룡의 운명은 어떻게 되었을까요? 안타깝게도, 그들의 삶 역시 순탄하진 않았답니다. 원래 냉혈동물인 공룡이 홍수 이후 변화된 날씨에 적응하기는 어려웠어요. 갑자기 찾아온 추위와 더위를 견디기도 힘들었고요. 특히 홍수에 연이은 빙하시대를 무사히 지나기란 거의 불가능했지요. 결국 공룡은 멸종되고 말았답니다.

그런데 궁금하지 않나요? 노아의 방주에 공룡이 실려 있었다면, 공룡과 사람이 어느 정도 함께 살았단 뜻이잖아요. 맞아요, 바로 그 말이에요! 그런데 역사책에는 왜 그런 기록이 없죠? 아니, 분명히 있답니다. 다만 '공룡이 살았다'라고 구체적으로 적지 않았을 뿐이죠.

공룡(dinosaur)이란 말은 1800년대 중엽에 만들어졌어요. 그러니까 그보다 오래전에 쓰인 역사책에선 공룡이란 단어를 찾을 수 없는 거예요. 그래서 공룡이라는 단어를 찾는 대신 그 공룡을 설명하거나 표현하는 다른 자료들을 찾아보아야 해요.

특히 우리가 눈여겨볼 것은 '용(dragon)'에 대한 부분이에요. 거의 모든 나라에서 전해 오는 전설 속 동물이 바로 용이거든요. 한 백과사전에선 용을 이렇게 설명한답니다. "전설 속의 용은 과거에 살았던 동물의 실제 모습 같다. 그들은 사람이 지구상에 등장하기 오래전에 서식했다는 거대한 파충류(공룡)와 아주 유사하다. 용은 일반적으로 사악하고 파괴적이다. 모든 나라는 용의 전설을 가지고 있다"(World Book Encyclopedia, 1973, p 265). 실제로 용은 전 세계 곳곳의 온갖 전설에 등장하며, 그 모습은 거대한 파충류인 공룡과 아주 비슷해요.

성경에도 용에 관한 이야기가 나와요. 구약 성경에는 오늘날 살지 않는 동물인 '탄닌', '리워야단', '베헤못'이 등장하는데, 모두 기괴한 모습을 가졌다고 하지요. 특히 탄닌은 20번 이상 언급되는데 우리말론 '바다 괴물, 용, 승냥이, 뱀' 등으로 번역돼요. 또 베헤못은 꼬리가 백향목 같고 그 뼈대는 쇠막대기 같다고 자세히 묘사되는데(욥 40:17~18), 이 말 그대로 그려 보면 공룡의 한 종류인 브라키오사우르스와 매우 비슷하답니다.

거대하고 기괴한 공룡은 참 인상 깊은 동물이에요. 한번 보면 쉽게 잊히지 않죠. 마음에 깊이 남으면 여러 가지로 표현하고 싶어지잖아요? 방주에서 나온 노아의 후손들도 마찬가지였어요. 공룡들을 마주한 노아의 후손들은 그 거대한 동물의 모습을 전하려 했을 거예요. 또 공룡이 멸종된 다음에도 후손들에게 사라진 옛 동물에 대해 말해 주고 싶었겠죠. 그리고 그 후손이 나이를 먹자 또 다시 후손들에게 그 거대하고 기괴한 동물에 대해서 전했을 테고요. 이번에는 아마도 재미있게 포장해서 이야기를 꾸몄을지 몰라요. 그렇게 세대가 지날수록 이야기는 변형되고, 듣는 사람 저마다 살을 붙여서 재미난 줄거리를 완성했겠지요. 이렇게 해서, 오늘날 공룡의 존재는 용의 전설로 남게 되었답니다! 성경을 놓고 보아도 공룡 화석의 존재는 결코 수수께끼가 아니에요.

창조과학 따라잡기

지층은 어떻게 만들어졌을까?

육지의 70% 이상은 퇴적 지층으로 덮여 있어요. 이 엄청난 지층은 과연 어떻게 이루어진 걸까요?

예전엔 지층이 오랫동안 쌓이고 쌓여서 만들어졌다고 생각했어요. 심지어 아직도 그렇게 믿는 사람들이 있지요. 하지만 오늘날 이런 식으로 생각하는 지질학자는 거의 없어요. 화산 폭발, 지진, 홍수 등이 일어날 때마다 지층이 짧은 시간에 이루어진다는 사실을 알게 됐으니까요.

예를 들어, 1980년에 미국 서부에서 폭발한 세인트헬렌스 산은 엄청난 양의 화산재를 뿜어냈어요. 이 사건은 20세기 최대의 화산 폭발로 기록됐죠. 이때 산꼭대기에 쌓였던 화산재가 녹은 눈과 함께 휩쓸려 내려왔는데, 불과 몇 시간 만에 7.5m 높이에 이르는 뚜렷한 퇴적 지층을 만들어 냈어요. 이렇게 물과 함께 움직이는 고밀도의 퇴적물을 가리켜 "저탁류"라고 불러요. 오늘날 지질학자들은 세인트헬렌스 산의 화산 폭발 과정에서 일어난 것과 같은 방식, 혹은 이와 비슷한 과정에 따라서 지층이 만들어진다고 생각한답니다.

그런데 우리가 관찰하는 퇴적 지층은 세인트헬렌스 화산 폭발이 만들어 낸 것과 비교할 수 없이 어마어마해요. 우린 지금 지구 전체를 보고 있으니까요! 지구의 어떤 지층은 두께가 수 km나 되고, 그 너비가 북미 대륙을 덮을 만큼 넓은 것도 있지요. 그러니 이만한 규모의 지층이 만들어지려면 오늘날의 화산 폭발과는 비교도 안 될 만큼 엄청난 격변이 일어났어야 하겠죠? 육지를 산산조각 내는 거대한 지진이 먼저 발생했고, 그 결과 생겨난 엄청난 흙과 퇴적물들을 사방으로 옮길 어마어마한 양의 물이 필요했을 테니까요.

또 지층 속엔 수많은 화석이 있는데, 모두가 퇴적 지층에서 발견된답니다. 화석은 아직 살아 있거나 죽은 지 얼마 되지 않아 아직 썩지 않은 상태의 동식물이 갑자기 흙 속에 파묻힐 때 만들어져요. 이렇게 흙에 파묻히는 일을 매몰 현상이라고 불러요. 그러니까 엄청난 양의 흙더미와 물줄기가 빠른 속도로 이동하며 지층을 만드는 대격변 과정에서 화석이 만들어지는 거예요.

격변에 의한 지층 형성을 증명하는 경우는 수없이 많아요. 예를 들어, 1994년에 미국 콜로라도 주립대학 지질학과에서 발표한 지층 형성 실험이 있어요. 다량의 흙을 물줄기와 함께 이동시켜 본 거예요. 그러자 순식간에 지층이 만들어졌지요. 이 실험 결과도 짧은 시간에 지층이 형성된다는 점을 잘 보여 준답니다.

창세기에 기록된 홍수 심판은 앞에서 살펴보았듯이 '큰 깊음의 샘들이 터지는'(창 7:11) 장면으로 시작해요. 엄청난 지진이 연이어 일어나고, 땅이 온통 부서져 거대한 흙더미로 변하는 대격변이죠. 그리고 치솟은 물줄기가 사방으로부터 흘러들면서 세상의 높은 산을 모조리 뒤덮었지요(창 7:19). 오늘날 우리가 관찰하는 지층들은 이런 대격변 현상을 빼놓고선 도저히 설명할 수 없어요. 현재의 과학 이론은 홍수 심판이 실제로 일어났음을 증명하는 결정적인 단서를 선사하지요.

제3화

방향키가 없는 방주

배 같은데?
쿠아아~
어? 그런데 이런 곳에 배가 있을 수 있나?
잘 봐, 저건 배가 아니야.
잘 보나마나 물 위에 저렇게 떠 있으면 배지, 비행기니?
저건 그냥 배가 아니야, 방주야.
우린 노아의 방주로 가고 있어.
쿠우
방주?!
지금 저기엔 노아 할아버지 식구와 각 종류의 동물들이 타고 있어.
잘 안 보여. 가까이 좀 가봐!
어서!

그런데 방주가 이상하게 생겼네!
콰과과~
쏴아아~
방주를 가리키는 히브리어는 '테바'인데,
방주는 배와는 완전히 달라.
תבה
테 바
성경 전체를 통해 단 두 번만 사용되었어.
한 번은 아기 모세를 태워 나일강에 띄웠던 바구니를 가리킬 때 사용되었고,
나머지 한 번이 바로 방주를 이야기할 때 사용되었지.

바구니와 방주? 무슨 공통점이 있나? 완전 다른 것 같은데?
힌트를 하나 주지. 히브리어 테바는 영어로 박스(box)야.
박스? 상자 말이야? 택배 상자 같은 것.
배는 보트 아닌가? 왜 박스라고 했지?
그야 물론 정말로 박스니까 그렇게 불렀지.
잘 봐.
boat
box
보트(배)에는 사람이 직접 조종할 수 있는 방향타나 노, 뱃머리 같은 것들이 있어.
반면!
박스(상자)에는 그런 것들이 하나도 없어. 바닥도 평평하지.
그러니까 방주는 어디론가 가기 위해서가 아니라 물 위에 떠 있기 위해 만든 거야.

그냥 떠 있다고?
방주를 만든 목적은 최후의 생명들을 지켜서 다음 시대로 전하는 것이었거든.
그러니까 방주는 어딘가로 가려는 배와는 완전히 다른 것이라고 할 수 있지.
아아~ 하긴 온 지구가 이런데 갈 곳도 없겠다.
콰과과~
푸학!
우악! 파도가 너무 심해! 저러다 침몰하겠어!

"네가 만들 방주는 이러하니 그 길이는 삼백 규빗 너비는 오십 규빗,
높이는 삼십 규빗이라 거기에 창을 내되 위에서부터 한 규빗에 내고
그 문은 옆으로 내고 상 중 하 삼층으로 할지니라"
_창세기 6장 15~16절

방주에 대해 조금 더 알아볼까?

방금 이야기했듯이 방주는 다른 배들과는 달리
조종 장치 하나 없는 네모난 상자 모양으로,
오로지 대홍수 속에서 물에 떠 있으려고 만든 거야.

이렇게 밑바닥이 평평한 모양이라 높은 파도에도
넘어지지 않아.

길이 300규빗(약 135m), 폭 50규빗(약 22.5m),
높이 30규빗(약 13.5m),
현재의 축구장보다 길이는 조금 길고, 폭은 조금 좁아.
간단히 하면 10:1.7:1의 비율인데
정말 놀라운 숫자야.

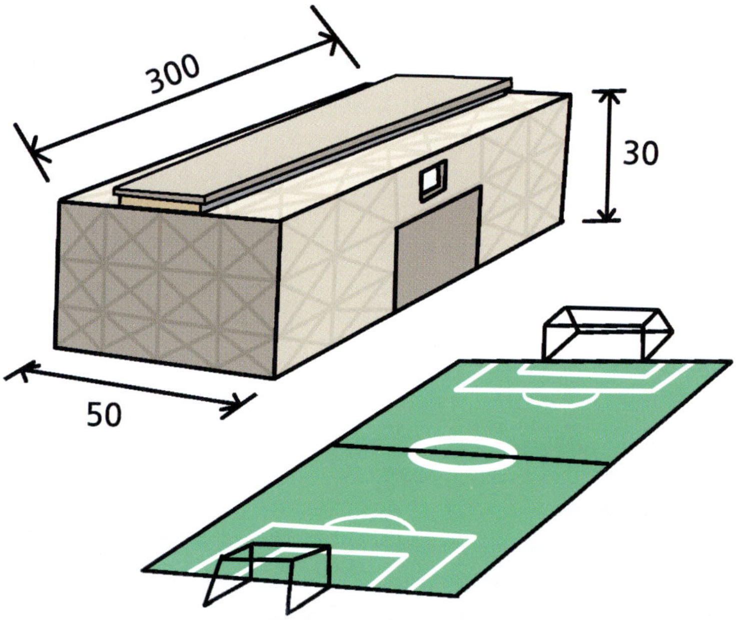

10:1.7:1

전문가들은 배가 얼마나 안정성이 있는지 확인하려면
세 가지를 살펴본다고 해.

1. **구조 안정성:** 얼마나 견고한가?
2. **복원 안정성:** 흔들리던 배가 얼마나 빨리 제자리를 찾는가?
3. **파랑 안정성:** 배 안에 탄 사람이 얼마나 편안하게 느끼는가?

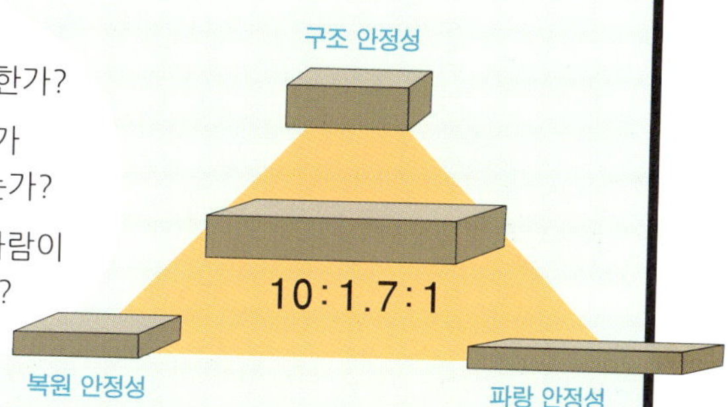

그런데 방주의 이런 길이, 폭, 높이의 비율은 선박에 있어 가장 안정적인 비율이라서
약 30m 높이의 파도가 몰려와도 끄떡없이 견딜 수 있어.

와~ 30m의
파도도 견딘다고?
자, 그럼
방주 안을
볼까?
쿠아아~
쓱
"새가 그 종류대로, 가축이 그 종류대로, 땅에 기는 모든 것이 그 종류대로
각기 둘씩 네게로 나아오리니 그 생명을 보존하게 하라"_창세기 6장 20절
여기가 그 방주의
안이야?
쿠르르~

이곳은 정말~
평온한
느낌이야!
엄마 품처럼
쿠아아~

세상 모든 종류의
동물들이 모인 거잖아?
어떻게 함께 지내지?
대부분의 동물들이
잠을 자고 있어.
그렇지 않은 동물들도
조용하고.
이렇게 밖이
소란한데도 잘 자네?
쿠앙
쿠르릉~
동물들은 갑자기 환경이 변하면
겨울잠이나여름잠을 자기도 해.
지금도 곰이나 다람쥐 같이
겨울잠을 자는 동물들은 자는 동안엔
먹지도 마시지도 않지.
어! 저건
공룡?
공룡도
탄 거야?
이 방주엔 코로 숨쉬는
모든 동물들을 실었으니
공룡들이 탄 것도
당연하겠지?
맞아. 방주에서
내린 뒤 바뀐 환경에
적응하지 못해 멸종했지만
그들도 방주에 탔어.

우와~ 덩치가 큰 공룡들도 방주에 탔었구나.
그런데 대부분의 동물들은 덩치가 작은 것 같은데?
어린 동물인가?
잘 봤어. 그건 방주가 씨를 보존케 할 목적으로 만들어졌기 때문이야.
방주의 목적?
그래. 각 종류의 동물을 후세에 전할 목적이니까 꼭 다 성장한 어른일 필요는 없지.
이 방주에 탄 동물들이 우리 시대 동물들의 조상이라는 점도 중요해.
그건 당연하지! 얘들만 살아남았으니까. 그런데 그게 왜 중요하지?
오늘날 존재하는 모든 동물이 탄 것은 아니라는 거야.
예를 들어 사자, 호랑이, 퓨마, 삵은 모두 고양잇과 동물이거든.
'종류대로'라는 의미는 같은 과에 속하는 대표 동물 정도로 이해하면 돼.
그러니까 방주엔 각각의 동물 모두를 태우는 대신 그 조상('과'의 대표)인 고양이 한 쌍만 타게 했다는 거지.
고양잇과
사자
호랑이
퓨마
삵

이 동물들의 크기를 평균 잡아 양 정도라고 간주하면, 방주에는 12만 5천 마리 이상을 태울 수 있었다고 해.
실제 평균 크기는 양보다 작지.
X 125,000
참고로 오늘날 코로 숨쉬는 모든 동물을 한 쌍씩 더하면 3만 5천이 조금 넘어.
우와! 그럼 방주에 당시 세상의 모든 동물을 종류대로 다 태우고도 자리가 엄청 많이 남았겠네?
그래. 동물들을 태우고 남은 자리에는 동물들과 노아 식구들의 식량, 그리고 동물들에게 깔아 줄 짚을 싣기도 했겠지?
그런데 이 동물들은 무얼 먹지? 다 먹이려면 엄청 힘들겠다.
자고 있는 동물들은 거의 먹지 않아.
나머진 이런 풀을 먹어.

풀만?
그럼 육식 동물들은 뭘 먹어?
아직 이 시대에는 육식을 하지 않았어. 사람도 동물도 모두 채식만 했지.
그게 가능해? 호랑이나 공룡도 풀을 먹었다고?
물론 가능해. 지금도 육식 동물들을 고기를 제외한 우유나 채식만으로 키우는 사례가 종종 보고되고 있어.
본격적인 육식은 홍수 이후에 시작돼. 물론 사람도 홍수 이후 하나님께서 허락하신 다음에야 육식을 시작했어.
헤에~그렇구나. 난 고기 엄청 좋아하는데 이때 태어났으면 엄청 힘들었겠어.
채식은 맛이 없어.

글쎄~?
이 시대엔 지금은 전해지지 않지만
많은 맛있는 채소들이 있어서
육식은 생각하지도 않았을 거야.
아~
햇살도 적당하고
땅도 기름지고
적당한 습도야
그래도 육식을 함께해야
튼튼해지지 않아?
물론
지금의 우리들은
그렇지.
하지만 이땐
사람들의 몸도,
채소의 질도
우리 시대와는
많이 달랐어.
이 시대의 사람들은
최초에 하나님께서 만드신
그 완벽한 몸을 거의
유지하고 있었어.
완벽한 몸?

최초의 사람은 하나님께서 직접 만드셔서 정말 완벽했지. 게다가 최적의 자연환경으로 몸이 늙거나 아프지 않았고, 먹는 것도 무결점의 깨끗한 먹거리들이라 더없이 좋았지.
육식을 할 필요가 없었어.
아하! 홍수 이후에 환경이 나빠져서 우리 몸도 나빠진 것이구나?
맞아. 그래서 우리 몸에 필요한 에너지를 얻기 위해 육식이 필요해진 거지.
하긴, 우리 엄마도 요즘엔 믿고 먹을 수 있는 음식이 없다고 하셨어. 몸에 해로운 것이나 안 먹으면 다행이라고 하시더라고.
그렇지?
자, 이제 장소를 옮겨 볼까?

창조과학 따라잡기

홍수가 일어나기 전에는?

창세기 5장에선 첫 사람 아담에서부터 노아까지의 족보를 소개해요. 그 족보를 그려 보면 이런 모양이지요. 왼쪽의 숫자는 다음 사람 곧 후손을 낳은 나이이고, 오른쪽의 숫자는 그가 죽은 나이랍니다. 예를 들어 아담을 살펴볼까요? '아담은 130살에 셋을 낳고 930살에 죽었다'는 것을 알 수 있죠. 창세기 족보를 통해서는 홍수 심판 이전의 많은 이야기들을 읽어 낼 수 있어요.

노아의 아버지는 라멕이며, 라멕의 아버지이자 노아의 할아버지는 969살로 가장 장수했던 므두셀라랍니다. 족보에 따르면 노아의 아버지 라멕은 홍수가 일어나기 5년 전에 사망했고, 할아버지인 므두셀라는 홍수가 나던 해에 세상을 떠났어요. 또 노아가 600살 때 홍수가 시작되었죠. 그가 하나님께로부터 홍수 심판에 대한 경고를 받은 때가 홍수가 일어나기 120년 전이니까, 노아가 480살 나던 해의 일이네요. 그리고 노아가 500살이 된 후에 세 아들 셈, 함, 야벳을 낳았으니, 이 아들들은 모두 심판에 대한 경고 후에 태어난 거예요.

그런데 창세기 5장의 족보에 모든 자녀의 이름이 적힌 것은 아니랍니다. 홍수 심판 때 구원받은 노아의 직계 조상만이 적혀 있지요. 라멕에게 많은 자녀가 있었다 해도 구원받은 노아의 일가만이 기록되었어요. 므두셀라에게도 많은 자녀가 있었겠지만, 노아의 아버지인 라멕의 이름만이 남겨졌지요. 다시 말해, 이 족보는 아담이 범죄한 이후 점점 타락해 갔던 인간 가운데서 의인으로 구별된 노아 가족 여덟 명만이 살아남게 된 과정을 전하는 거예요. 그러니 노아에게 꼭 세 아들만 있었는지도 확실하지 않아요. 의인이 아니었던 다른 자식이 있었는지도 모를 일이에요.

이 족보에서 단연 눈에 띄는 인물은 노아의 조상 에녹이랍니다. 에녹은 노아의 할아버지인 므두셀라의 아버지니까, 노아에겐 고조할아버지가 되겠네요. 족보상의 모든 사람들은 죽었지만, 에녹만은 "하나님과 동행하더니 하나님이 그를 데려가시므로 세상에 있지 않았다"(창 5:24)고 전해요. 이 땅에 그의 시체를 남겨 놓지 않았다는 뜻이지요. 에녹에 대해서 성경은 또 이렇게 말씀한답니다. "믿음으로 에녹은 죽음을 보지 않고 옮겨졌으니… 그는 옮겨지기 전에 하나님을 기쁘시게 하는 자라 하는 증거를 받았느니라"(히 11:5). 하나님과 동행했고, 믿음이 좋았고, 하나님을 기쁘시게 했던 사람이라니 정말 대단한 칭찬이지요! 또 유다서에서는 에녹이 경건하지 않은 죄인들에게 있을 심판을 예언했다고 해요(14~15절). 이때 에녹이 예언했던 훗날의 심판이 바로 손자인 노아 때의 홍수 심판을 의미하지요. 에녹의 때에 사람들은 이미 타락의 길로 향했던 거예요.

에녹의 믿음은 그 아들 므두셀라나 손자인 라멕, 이어 증손자인 노아에까지 고스란히 전해졌어요. 라멕이 아들 노아를 낳고 이름을 지을 때 한 말을 보면 알 수 있죠. "여호와께서 땅을 저주하시므로 수고롭게 일하는 우리를 이 아들이 안위하리라"(창 5:29)고 했으니까요. 여기서 저주란 말은 에녹이 예언했던 하나님의 심판과 연결돼요. 또 아들이 안위하리라는 말, 다시 말해 아들이 위로해 줄 것이란 말은 온 인류와 생명체의 멸망을 면하게 할 방주를 만들 노아의 미래를 떠올리게 하죠. 그러니까 라멕도 할아버지인 에녹이 언급했던 심판의 예언을 믿고서 충실히 준비했던 거예요.

또 므두셀라가 세상을 떠나던 해에 홍수가 시작됐다는 점도 의미심장하답니다. 노아의 직계 가족을 제외하고 가장 신실했던 마지막 사람인 므두셀라가 숨을 거두자, 하나님께서 마침내 홍수 심판을 시작하신 것이 아닐까요?

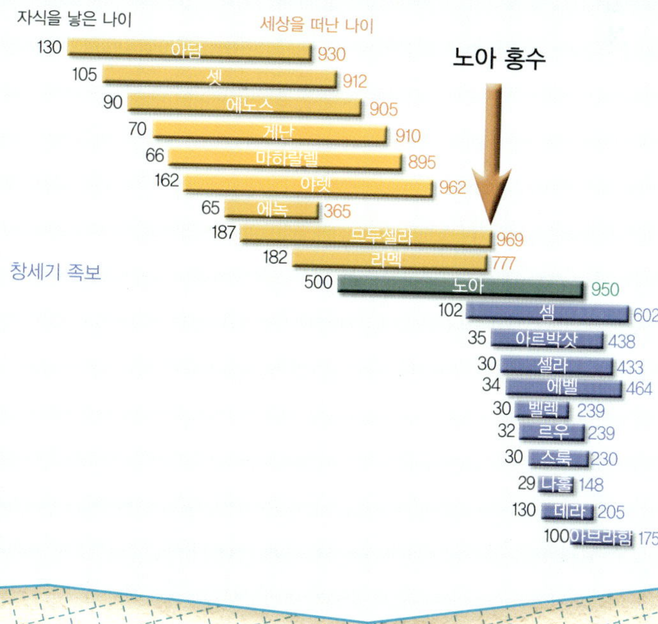

창조과학 따라잡기

성경 밖의 홍수 이야기

전 세계의 각 나라에는 수많은 전설들이 남아 있어요. 그중에서 가장 많이 전하는 전설의 유형을 두 가지만 고르라면 "용(dragon)" 그리고 "홍수"에 대한 전설을 꼽을 수 있지요. 서로 다른 나라의 조상들에게서 이런 공통분모를 찾을 수 있다는 건 참 재미난 일이에요.

그런데 한번 생각해 보세요. 성경이 전하는 그대로 홍수 심판이 지구 전체에서 일어났고, 노아 가족만이 온 인류의 유일한 조상이라면요? 홍수에 대한 이야기가 단지 성경에만 나타나진 않을 테지요. 홍수 심판 후 전 세계에 흩어진 노아의 후손들이 저마다 옛날 옛적의 신비한 경험을 전하려 했을 테니까요. 그리고 정말로, 이 세상엔 태초의 홍수에 관한 전설이 많이 남아 있어요! 북미와 남미 인디언의 이야기, 태평양 열도와 바벨론, 그리스, 인도, 몽고, 중국의 고사 등 지금껏 수집된 것만도 수백 편에 이르지요.

특별히 뜻글자를 쓰는 중국의 한자에서는 창세기 1~11장의 내용을 엿보게 하는 단어들이 많이 있답니다. 그중에서도 노아 홍수를 떠올리게 하는 글자들을 소개할게요.

船(큰 배 선): 舟(배) + 八(여덟) + 口(사람)

노아는 아들들과 아내와 며느리들(총 8명)과 함께 홍수를 피하여 방주에 들어갔고 (창 7:7).

沿(떠내려갈 연): 水(물) + 八(여덟) + 口(사람)

물이 더 많아져 땅에 넘치매 방주가 물 위에 떠 다녔으며(창 7:18).

신기하지요? 그런데 어쩌면 당연한 일이에요. 성경은 사실을 기록한 책이니까요. 전 세계로 흩어진 노아의 후손들은 세대와 세대를 거치며 홍수 심판의 기억을 전달해 왔어요. 그러는 동안 어떤 내용은 누락되었고, 어떤 내용은 재미를 위해 덧붙여졌죠. 만약 하나님께서 진짜 사실인 성경을 남겨 두시지 않았다면 어떻게 되었을까요? 아마도 무엇이 진짜인지 몰라서 헤매지 않았을까요? 지금 우리 곁에 남겨진 성경이 얼마나 소중한지 알겠지요?!

제4화

산과 바다가 춤춘다

어? 비가 그쳤네?
40일이 지났어.
쿠아아~
정말 모든 곳이 물에 잠겼구나. 가도 가도 끝이 없어.
정말 모든 것이 저 물에 쓸려가 버렸어. 우리 시대도 이렇게 되면 어쩌지?
어쩌면 하나님 보시기에는 우리 시대의 사람들도 지금 이 시대의 사람들과 크게 다르지 않을 거야.
우리 시대의 사람들도?
흠… 서로 속이고, 빼앗고, 우상을 섬기고, 문란하고, 교만하고, 싸우고, 죽이기까지,
우리가 처음에 이곳에 와서 봤던 모습들과 비슷하지 않아?
어쩌나, 그 결과는 이렇게 무서운데….

그런데 이 물은 언제까지 이렇게 온 세상을 뒤덮고 있는 거야?
콰과과~
물은 비가 40일 동안 온 뒤에도 계속해서 불어나.
비는 그쳤지만 홍수의 시작을 알리던 깊음의 샘에서는 아직도 계속해서 물이 뿜어져 나오기 때문이야.
자, 그럼 물이 빠지는 시점으로 이동해 볼까?
뭐야? 너 시간 이동이 가능한 거야? 그럼 진작 우리 시대로 돌아갔으면 됐잖아?!
그, 그런가?
하지만 아주 짧은 약간의 시간 이동만 가능해.
너, 뭔가 수상해. 마음에 안 들어~!
아하하. 그런데 신기야, 넌 이 많은 물이 어디로 빠지는지 궁금하지 않아?
말 돌리기
어? 그러게? 지구 전체가 다 물에 잠겼는데 어디로 빠지는 거지?

지금부터
그 해답을
찾아볼 거야.
꽉 잡아!
간다!
푸학!
화악
어? 다시
바닷속이네?
여긴 왜 또 왔어?
슈슉
물에 잠겼던 육지가
다시 드러나는 모습을
보여 줄게.

글쎄? 혹시 바다의 바닥에 구멍이 뻥! 뚫려서 물이 지구 속으로 모두 쏙 들어가 버리는 것 아닐까?
크크, 참 너다운 발상이다.
꽝!
으악! 물이 또 뿜어져 나온다! 도망쳐!
아니, 지금은 물이 줄어들기 시작한 시기야. 더 이상 깊음의 샘이 터지진 않아.
저기를 잘 봐.
찌직
퍼펑
쿠쿵!
쫘악~

우악! 바닥이 갈라져! 마치 칼로 땅을 잘라내는 것 같아!
쫘악~
슈우욱
와! 저길 봐! 갈라진 틈으로 물이 들어가고 있어!
슈화악~

이렇게 물이 물러나는 거야? 땅이 갈라진 곳으로 물이 모여들어서?
오호! 제법인데? 정확히 그래.
슈슉

땅이 갈라져서 푹 파인 곳을 대양분지라고 해.
대양분지?

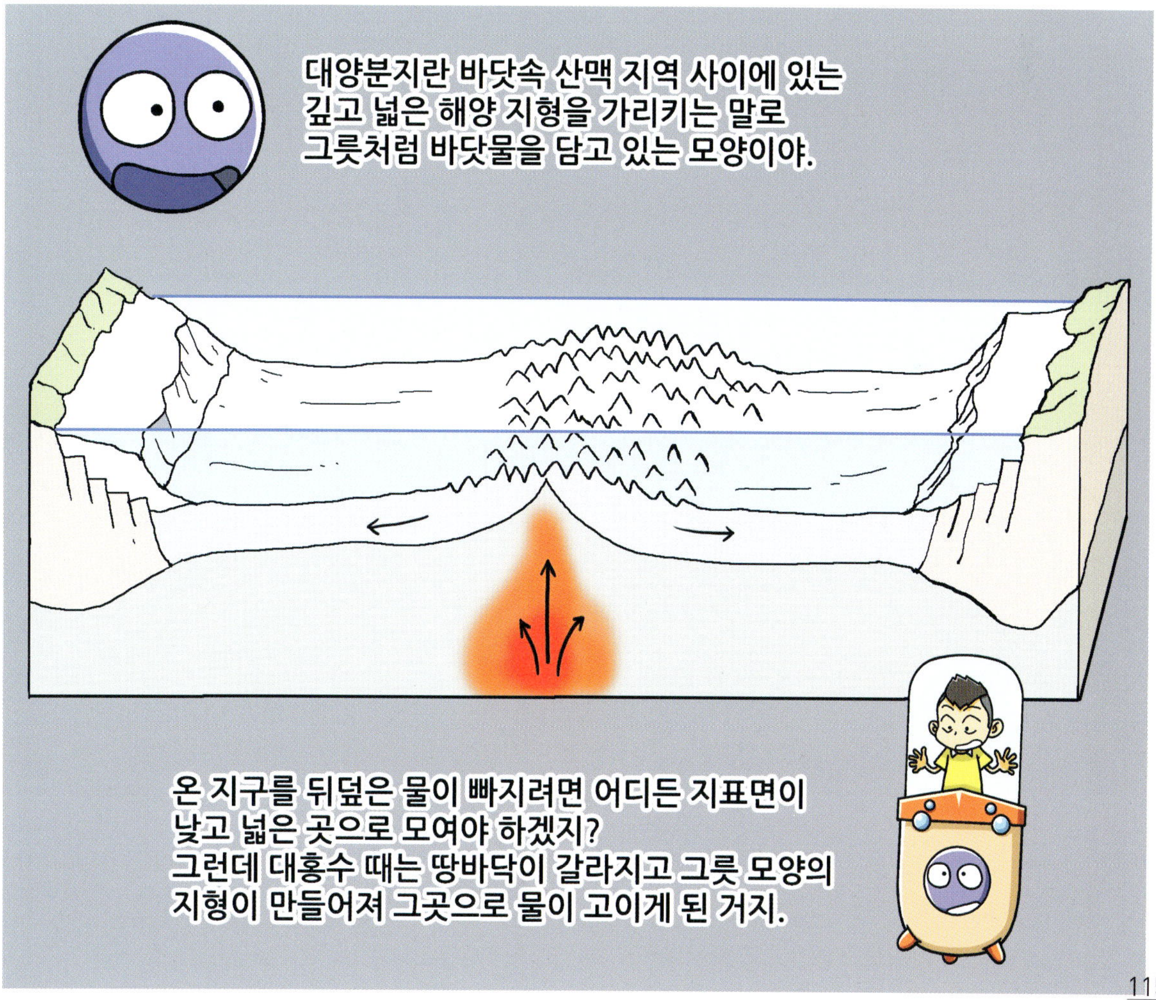
대양분지란 바닷속 산맥 지역 사이에 있는 깊고 넓은 해양 지형을 가리키는 말로 그릇처럼 바닷물을 담고 있는 모양이야.
온 지구를 뒤덮은 물이 빠지려면 어디든 지표면이 낮고 넓은 곳으로 모여야 하겠지? 그런데 대홍수 때는 땅바닥이 갈라지고 그릇 모양의 지형이 만들어져 그곳으로 물이 고이게 된 거지.

아! '물이 땅에서 물러가고
점점 물러갔다'던
창세기 8장 3절 말씀이
바로 이거였구나!
꾸루룩
그래. 땅의 어느 한쪽이 낮아지면
당연히 그곳으로 물이 고이고,
지면을 덮었던 물도
물러나게 되지.
그럼 이렇게 해서
우리 시대의 바다가
만들어진 거야?
맞아. 이후에도 조금씩 변화를
겪긴 하는데 이 시기에
그 모습이 거의 완성돼.
콰콰콰!
우와! 정말
넓게 벌어지는구나!

갈라진 곳에서 용암이 흘러나오고 있어! 바닷속인데!
부글
부글
당연하지. 바다 밑바닥 역시 땅이니까.
그리고 이렇게 분출된 용암은 바닷물의 온도를 많이 올려 놓았지.
부글
부글
그리고 이 높아진 바닷물의 온도는 빙하시대의 비밀을 알려 줄 중요한 단서가 돼.
빙하시대? 매머드가 살던 그 빙하시대? 우와!!
알려 줘! 궁금해!

그건 다음에 자세히
이야기하기로 하고
지금은 갈 데가 있어.
쿠르르~
난 빙하시대가
궁금하단
말이야.
꼭 이야기해
줘야 해,
알았지?
알았어.
푸학
슈웅
도대체 어디까지
올라가는 거야?
다 왔어.
조금만
기다려.
슈슈슉
퓨웅

자, 여기야.
우와, 얼마나 올라온 거야? 지구가 한눈에 보여!
지금 지구에서 무슨 일이 일어나는지 잘 보려고 여기까지 올라왔지.
쾅!
쿠쿵!
쿠앙!
어? 뭐야. 땅이 왜 저래?
지구의 지판들이 움직이고 있는 거야.
지구의 지판?
우리 지구는 땅 자체가 커다란 조각판들로 구성되어 있는데 그 조각판 하나하나를 가리켜 지판이라고 해.
으아~! 땅이 조각났다!
쿠드드~

처음에는 이 지판들이 한데 붙어 있었지만
대홍수 때 지면의 물을 한곳으로 모으려고
물길을 내다가 서로 떨어지게 됐지.
그래서 지금의 대륙들을 모아서 맞춰 보면 잘 들어맞아.
원래 한덩어리였으니까 당연하지 않겠어?
아하! 땅에서 물이 물러나게 하려고 하나님께서 지판을 움직이신 것이구나!
그래. 이렇게 해서 우리 시대의 육지와 바다의 모습이 완성된 거야.

엄청나다.
그런데 저게 홍수보다
더 위험한 것 같은데?
노아 할아버지는
괜찮으실까?
쾅!
쿠쿵!
쿠앙!
물론이지. 방주는
이 세상에서 유일하게
안전한 곳이야.
하나님이 비가 그쳐도
밖으로 나오지 못하게
하신 데는 이유가 있구나.
그래. 만약 땅들이
저렇게 움직이는데
밖에 나와 있었다면
큰일 났을 거야.
쿠쾅!
우악!
엄청난 소리야!
무슨 일이지?
그럼 가서
확인해 볼까?
소리가
난 곳으로?
위험하지 않아?
슈확!
위험하지
않냐고!

위험한 곳이면
난 안 갈 거야!
슈우웅
훗! 그런 걱정 말고
옆이나 보셔~
응? 옆은
왜?
우왁! 땅이 움직여!
그것도 엄청난 속도로
움직이고 있잖아?!
콰콰콰!
너 혹시 대륙이
아주 천천히 일 년에
몇 cm씩만 움직인다는
이야기, 들어 봤니?
콰르르르!
일 년에 몇 cm씩만
움직인다고?
이렇게나 빠른데?
쏴아아~

이렇게 지판이 갑자기 그리고 빠르게 떨어져 나가면
바닷속 땅은 갑자기 푹 꺼져서 이런 모양이 되지.
쭈욱~
대륙사면
갑자기 떨어져서 급경사가 생겼지.
만약 지판이 천천히 움직였다면
완만한 해저 지형이 되었겠지?
점토로
실험해 보면
갑자기 떼면
떨어져 버리고.
천천히 떼면
길게 늘어지지.
왜 과학자들은
'오랜 시간! 천천히!'
에 집착할까?
후훗, 그에 대해선
다음에 이야기해
줄게.
자! 다 왔어.
어? 여긴 땅이
움직이지 않고
가만히 있네?
이미 움직임이
멈춘 대륙이야.
어? 잠깐만!
저기 저 대륙이
서 있는곳,
좀 전에 움직이던
대륙의
앞쪽이잖아?!

맞아.
곧 두 대륙은
부딪칠 거야.
어? 그럼
위험하잖아!
잘 봐.
콰과과~
쿠앙!
쑤욱
우와! 땅이
솟아올랐어!
쿠쿠쿠
지판들이 멀어지며
바다를 만드는 곳도 있고,
어느 곳은 이렇게
가까워지다 서로
부딪치기도 해.
쾅!

그럼 산은 모두 이렇게 만들어지는 거야?
모든 산이 그런 건 아니지만 히말라야 산맥이나 안데스 산맥 같은 거대한 산맥들은 이렇게 만들어졌어.
어? 저긴 지층인 것 같은데 휘어져 있네?
지판들이 부딪친 곳에서 발견되는 지형으로 습곡이라고 해.
습격?
아니! 습곡!
습곡은 지층이 휘어진 모양이라서 붙인 이름이야.
대홍수 때 일구어진 지층이 채 굳기 전에
지판들이 부딪치면서 만들어지지.
지판이 부딪친 곳에선 쉽게 찾아볼 수 있어.

습곡은 지층의 형성과 대륙의 이동이
빠른 시간에 일어났다는 사실의 좋은 증거야.
습곡이 증거가
된다고?
그래. 지층이 천천히 만들어졌거나
지판들이 천천히 움직였다면
지층은 딱딱히 굳어졌겠지.
천천히 쌓이면!
쌓이면서 굳는다
천천히 이동해도
이동하면서 굳어 버리지!
그렇게 딱딱해진 지판이 서로 부딪친다면
지층은 휘어지지 않고 부서져 버렸을 거야.
이미 단단해진 다음에는 휠 수 없겠지?!
지층 전체가 단단해지기 전에 압력을 받았을
때에만 가능해!
오오~ 습곡엔
많은 증거가
숨어 있었구나.

엥? 그런데 이런 곳에 조개가 있네?
산꼭대기에 조개라니.
당연하지. 지금은 이렇게 높은 산꼭대기이지만 조금 전까지만 해도 여긴 바다 밑이었거든.
조개가 있던 지층이
지판의 충돌로 솟아올랐어.
아하! 그래서 산에서도 조개 화석이 발견되는구나?!
맞아! 이대로 환경만 조성되면 저 조개는 화석이 되어 우리에게 전해지는 거야.
자, 그럼! 조금 더 낮은 곳에서는 무슨 일들이 벌어지고 있는지 가 볼까?
후아~ 아직 더 남았어? 물이 차오를 때도 정신없더니 물이 물러날 때도 쉴 새 없이 일들이 벌어지는구나.
그러니까 전 지구적 대격변이지!

슈슝~
슈확
콰과과~
와! 물이 엄청난 속도로 빠져나가고 있어.
그렇지? 그만큼 대양분지가 물을 빨리 모은다는 말이지.
빠른 속도로 넓어진다

물이 빠지면서 차츰
산들이 모습을
드러내고 있어.
후후. 물이 빠지면서
원래 있던 산이
드러나는 것이 아니야.
여기를 잘 봐.
어? 물이 빠지면서
산을 깎아 내고 있네?
쏴아아~
원래 산이 있었던 것이 아니라
물이 산을 만든 건가?
맞아, 아주 많은 양의 물이
모였다가 한꺼번에 빠져나가면서
지표를 깎아 낸 거야.
빠져나가는 물의
높은 압력이 산을 깎는다

오늘날 산의 모양이 대부분 비슷한 이유도
이런 현상으로 한꺼번에 형성되었기 때문이야.
물의 압력이 많이
많이 깎인 곳
위쪽으로 올라갈수록
가파른 모양
물이 빠져나가며
압력이 줄어
적게 깎였다
물이 조각한 산이라…
대단하지?
특히 강에 대한
재미난 사실이 있어.
오랜 시간 동안 물이 흐르고 흐르면서 땅이
깎이고 깎여 천천히 지금의 강 모양이 되었다고
생각하는 과학자들이 많지.
또 천천히?

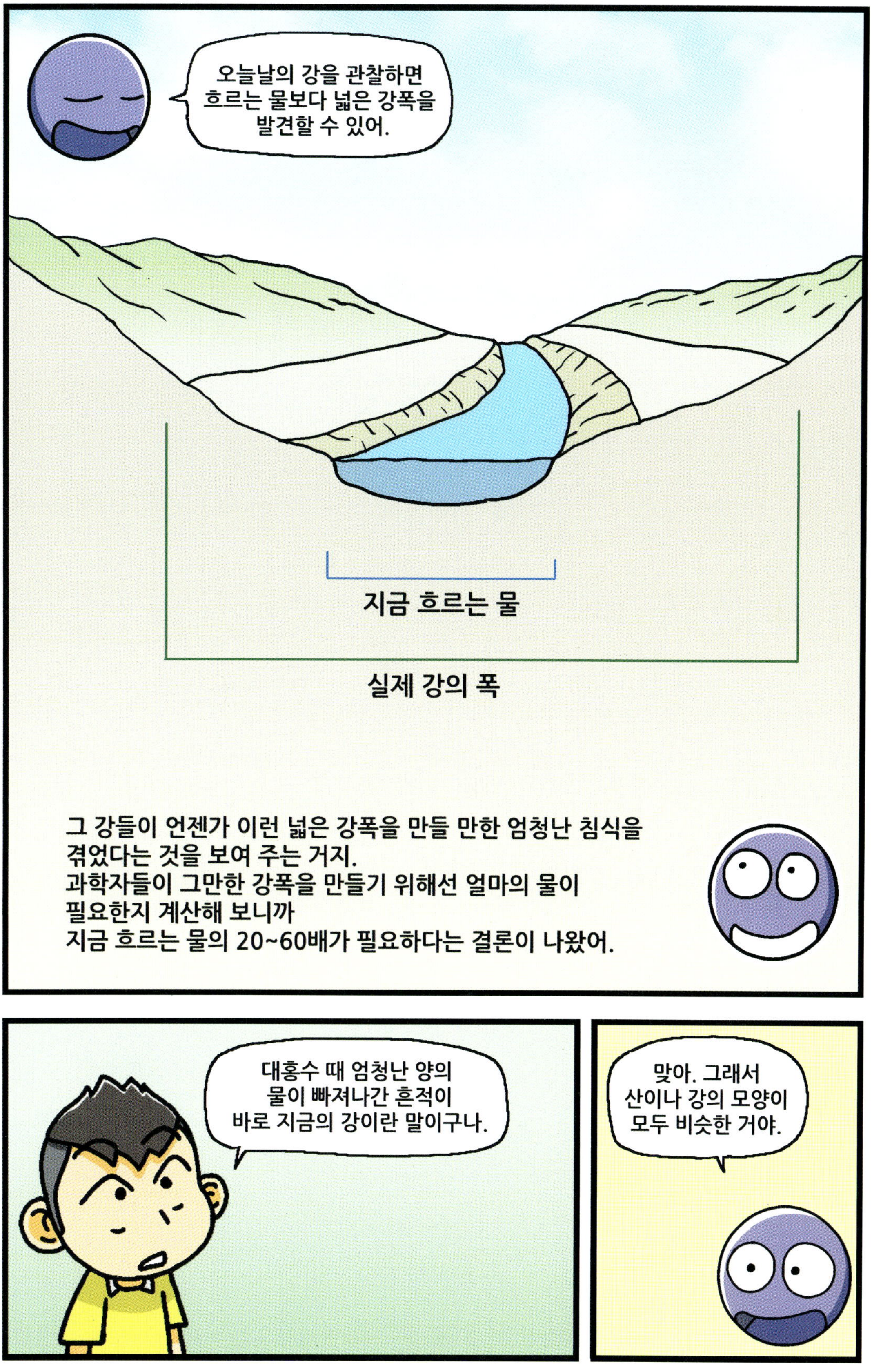

※침식 : 비, 하천, 빙하, 바람 따위의 자연 현상이 지표를 깎는 일.

쿠앙!
또 뭔가가 터졌어!
저기다!
펑
호수가 터지면서 물이 쏟아져 나오는 거야.
이렇게 넓은데 호수야? 바다가 아니고?!
콰과과!
창세기 홍수 후기, 물이 땅에서 물러날 때, 움푹한 곳에 고여 있던 물은 미처 빠져나가지 못하고 수많은 크고 작은 호수를 남겨 놓게 되었지.

하지만 이때의 땅은 아직 완전히 굳지 않은 불안정한 상태이기 때문에 그중에서도 약한 곳으로 물길이 터져 버리지.
약한 곳
이때 물길을 트는 힘은 물의 양에 비례해서 엄청난 파괴력으로 땅을 파내며 흘러가는데 이 때문에 협곡이나 계곡이 생겨나기도 해.
물이 계곡을 만든다고?
땅을 파서?
오늘날에는 물을 고압으로 발사해서 금속은 물론 다이아몬드까지도 절단하는 기계가 있어.
다, 다이아몬드 까지?
콸콸
그랜드? 캐니언?
지금의 그랜드캐니언도 이런 방식으로 생겼어.

대홍수 이후 거대한 두 개의 호수가 연이어 터지면서 그랜드캐니언이 만들어졌어.
지대가 굉장히 넓고 땅도 깊게 파여 있기 때문에
대홍수 당시의 지층이 고스란히 드러나 있지.
심지어 하나님께서 창조하실 때 만드셨던 땅의 모습까지 볼 수 있단다.

와! 하나님께서 창조하신 땅까지도 볼 수 있다고?
후후, 그래. 이 세상이 하나님의 피조물이라는 명백한 증거지.
이 물이 물러나면서 땅과 바다의 모습이 드러난다 이거지?
그래. 신기야! 이제 대홍수 후기에 어떤 일들이 있었는지 정리할 수 있겠지?
칫! 물론이지! 지판이 움직이는데 습격을 당해서, 에~ 땅이 산맥이 되고, 화석은 바다 밑에 있어야 하는데… 바다랑 호수가 터졌던가? 다이아몬드는 계곡에서…
윽! 한꺼번에 너무 많은 일들이 벌어져서 제대로 기억을 못하겠어.

자, 잘 들어 봐.
전 지구를 덮었던 물은,
지판이 움직여서 대양분지가 만들어지는 대로
그곳에 모여 바다를 이루게 돼.
또, 움직이던 지판들은 서로 부딪치며 솟아올라
거대한 산맥들을 만들기도 하지.
이 과정에서
미처 굳지 않은 지층들이 휘어지며
습곡을 만드는데,
습곡의 모양이나 그곳에서 발견되는
조개 화석들은 대격변의 흔적을
고스란히 간직하고 있지.

※ 지형 : 땅의 생긴 모양이나 형세.

그만큼 하나님의
진노하심이
무섭다는 거야.
무섭기도 하고,
슬프기도 해.
슬퍼?
하나님께서 이런 모습을
보시면서 얼마나
마음 아파하셨을지
생각하니 너무 슬퍼.
하긴, 직접 창조하시고
사랑하시던 모든 것을
쓸어 버리셨으니…
쿠쿵
펑
콰

자! 그럼
노아 할아버지에게
가 볼까?
아라랏산에
노아 할아버지?
지금 어디 계신데?
그래?
빨리 가 보자!
슈웅~
슝
아! 저기
방주다!
응? 방주 쪽에서
뭔가 날아오네?

푸드득
비둘기?
노아 할아버지가 땅의 상태를 알아보기 위해 날려 보내신 거야.
아! 그 이야기! 나도 알아! 비둘기!
너 왜 노아 할아버지가 까마귀와 비둘기를 날려 보내셨는지 알아?
응? 나뭇잎을 물어 오라고 날려 보낸 거 아니야?
그런데 까마귀는 또 뭐야? 비둘기 말고 까마귀도 보냈어?

7월 17일에 방주가
아라랏 산에 걸렸고
10월 1일엔 다른 산봉오리가
보이기 시작했어.
아!
꽤 오래
걸렸구나.
그로부터 40일 후에 까마귀를 한 번,
비둘기를 세 번 날려 보내셨어.
드러난 땅의 상태를 알아보기 위해서였지.
까마귀는 더러운 곳에서도 잘 살고
아무것이나 잘 먹기 때문에
먼저 날려 보내서
까마귀가 살 수 있는 환경인지
알아본 거야.
까마귀는 배로 돌아오지 않고
날아다녔어.
그리고 비둘기를 세 차례 날려 보내셨지.
깨끗한 곳에서 깨끗한 것을 먹고 사는
비둘기도 땅의 상태를 알려줄 수 있었어.

※줄기꽂이 식물은 식물의 줄기나 가지를 떼어 꺾꽂이 할 수 있다.

노아 할아버지가 비둘기를 날려 보내실 때마다 가족들 모두 두근두근했겠지?
아마도… 언제 방주에서 나갈 수 있는지 궁금했을 테니까.
방금 지나간 비둘기는 몇 번째 비둘기야?
세 번째 비둘기야. 저 비둘기는 돌아오지 않을 거야.
그럼 이제 방주에서 나와도 되겠네?
아직 아니야. 조금 더 기다려야 해.
왜? 땅은 말랐잖아.

하나님께서 나오라고 하실 때까진 기다려야 해.
그렇구나~ 많이 갑갑할 텐데 그냥 나오라고 하셔도 되지 않을까?
땅이 바로 코앞인데.
아마 지금의 땅이 비둘기는 살 수 있어도 사람이 살기에는 적합하지 않기 때문일 거야.
우리가 알아보았듯이 대홍수 후기에도 엄청난 격변이 계속되는데 지금 나온다면 위험해질 수도 있을 것 같지 않아?
쾅!
펑
그래서 하나님께선 완전히 안전해질 때까지 기다리게 하신 것 아닐까?
……
아~ 하나님께선 이 가족을 굉장히 아끼셨구나!
그렇지?

푸슉
어? 뭐야?
벌써 나와
계시네?
방주의 문도
열려 있고.
시간을 조금
뛰어넘었지.
오오~
깔끔한 전개
좋은데?
하나님께 번제를
드리나 봐.

모락 모락
오신기,
저기를 봐.
응?
우아아~!
무지개다!
무지개!

내가 구름 속에 내 무지개를 두었으니
그것이 나와 땅 사이에 세우는 언약의 표시가 될 것이다.
내가 땅 위에 구름을 일으켜서 그 속에 무지개가 나타날 때
내가 나와 너 사이에 그리고 모든 종류의
생물들 사이에 세운 내 언약을 기억하겠다.
물이 홍수가 돼 땅의 모든 생물을 멸망시키는 일이 다시는 없을 것이다.
이것이 내가 나와 이 땅 위의 모든 생물 사이에 세운 언약의 표시다.
(창세기 9장 13~17절, 우리말성경)

이게 하나님의
음성이구나.
어때?
하나님 음성을
들은 소감이?
그냥 막
가슴이 벅차고
눈물이 나.
응? 뭐지?
무우-
뿌우-
캬오!
저기를
봐.
우르르
동물들이 방주를
떠나고 있어.
이 땅에 살면서
번성하라는 하나님의
말씀에 순종하기 위해서야.

이 동물들은 어떻게 되는 걸까?
자기에게 맞는 환경을 찾아가기도 할 테고, 제각기 정착한 곳의 환경에 적응하며 살아갈 거야.
저 동물들이 온 지구를 뒤덮겠지?
그래, 그리고 사람들도.
와! 저길 봐! 나무에 올라타서 바다를 건너는 동물도 있어!
그래. 온갖 방법을 동원해서 온 지구에 퍼지게 돼. 빠르게든 느리게든 어떤 장애물이 있더라도 말이야.
신기하다. 하나님의 명령을 저렇게 충실히 따르다니.

노아 할아버지네도,
방주에서 나온 동물들도
모두 잘되면 좋겠어.
물론 그럴 거야.
하나님께서
돌보실 테니까.
그럼 노아 할아버지는
지금부터 뭘 하실까?
글쎄? 먼저 이 산을
내려가시겠지?
이렇게 해서
세상이
다시 시작되는구나.

이제 우린 어쩌지? 탐사 여행은 끝났으니 집으로 돌아갈 방법을 찾아봐야지?
아니, 우린 더 갈 곳이 있어.
더? 어디야?
새로운 성경 시대를 탐사하는 거야.
새로운 성경 시대?! 훗! 좋아!
슈학
출발!

그런데 말이야,
너 좀
수상해.
반짝
슈웅
뭐가?
집으로 가지 못하는데도
너무 느긋하단
말이야!
에이~
그럴 리가~
수상해!
수상해!

창조과학 프리즘

진화론자를 곤란하게 만드는 화석

화석이란 과거 언젠가 살았던 생물들의 시체나 흔적을 가리킵니다. 만약 진화론자들이 말하듯이 단순한 생물에서 복잡한 생물로의 진화를 거듭하다 마침내 사람에까지 이르렀다면, 그 진화의 중간 단계들이 화석으로 남아 있어야 해요. 그것도 아주 오랜 시간 천천히 진화되었다니, 그 세월만큼 수많은 중간 단계 화석들이 존재해야 하지요. 그런데 정말 그럴까요? 실제론 아직 중간 단계 화석으로 확정된 예가 단 한 점도 없답니다.

예를 들어 볼까요? 진화론자들은 조개 같은 해양 무척추동물이 물고기로 진화했다고 주장합니다. 그러나 지질학계의 어떤 논문에서도 그 증거를 제시하진 못했어요. 이 두 종류의 생물체가 서로 진화 관계임을 보여 주는 중간 단계 화석이 지금껏 발견되지 않았다는 뜻이지요.

진화론의 다른 주장들 역시 증거가 없기는 마찬가지랍니다. 물고기에서 양서류, 양서류에서 파충류, 파충류에서 새 또는 포유류로 진화되었음을 보여 주는 화석들도 발견되지 않았습니다. 한마디로, 지금껏 확정된 중간 단계 화석은 하나도 없답니다! 처음엔 중간 단계 화석이라고 발표된 경우도 얼마 후에는 아닌 것으로 결론 났어요.

중간 단계 화석으로 알려진 가장 유명한 예로는 시조새 화석이 있습니다. 진화론자들은 이 화석이 파충류에서 새로 진화된 과정을 보여 준다고 말하지요. 시조새는 크기가 30cm 정도로, 보통의 까마귀와 비슷한 조류입니다. 하지만 이 역시 진화론의 증거는 못 됩니다. 이미 여러 학자들은 시조새가 다름아닌 그저 작은 새일 뿐이라고 결론 내렸거든요. 저명한 학술지인 〈사이언스〉 지를 통해 조류학계의 권위자인 페두시아 교수는 다음과 같이 말했습니다. "시조새는 하나의 새, 잔가지에 앉는 새이다. 어떤 말로도 이 사실을 바꿀 수 없다." 또 2013년에 미국의 ABC

뉴스에서는 "최근 연구자들이 시조새의 정체를 '작은 새'로 번복했다"라고 보도했습니다. 다만 이 최신의 연구 성과가 아직 교과서 집필진에게까지 닿지 않았을 따름입니다.

진화론에 관한 대표적인 저서라면 역시 ≪종의 기원≫(1859년)을 꼽을 수 있겠지요. 그런데 이 책의 저자인 찰스 다윈조차도 훗날 중간 단계 화석에 관해 의문을 표했습니다(1872년, 제6판).

"왜 모든 지질층이 중간고리로 가득 차 있지 않는 걸까? 지질학은 그런 훌륭한 단계적 고리를 제시하지 않는다. 그리고 이것은 이 이론(진화론)을 반박할 수 있는 가장 분명하고 치명적인 반론이다."

다윈을 고민에 빠뜨렸던 딜레마는 두 세기가 지난 오늘날까지 남아서 여전히 사람들을 혼란스럽게 만들고 있답니다.

창조과학 프리즘

지구상 어디에도 실체가 없는 지질계통표

학자들이 화석을 다룰 때마다 반드시 짚어 보는 중요한 확인 도구, 그것이 바로 지질계통표입니다. 지질계통표란 지구의 역사를 진화론에 따라 고생대, 중생대, 신생대로 나누어 짜놓은 표입니다. 수십억 년의 진화와 멸종 과정을 지금껏 발견된 화석들을 바탕으로 정리한 일종의 목록이지요. 그 진화의 마지막 단계에 사람이 자리합니다.

그런데 이 지질계통표에도 고개를 갸우뚱하게 하는 부분이 있습니다. 가장 근본적인 문제는 이 표가 나타내는 진화의 순서 그대로 화석들이 일목요연하게 발견된 곳이 없다는 점입니다. 지표면에서 땅 밑으로 파고 들어간다고 할 때, 사람의 화석에서부터 가장 단순한 해양 무척추 동물에 이르기까지 진화의 역순을 고스란히 발견할 수 있는 곳은 지구상 어디에도 없습니다.

화석들은 각각의 지역에서 조각조각 발견됩니다. 지질계통표란 이렇게 띄엄띄엄 발견된 여러 곳의 화석들을 임의로 한데 모은 다음, 진화론의 틀에 맞게 정리한 데 불과합니다. 그러므로 몇 가지 화석이 지질계통표의 순서대로 발견된다고 해서 진화론이 모두 옳다고 말하기는 어렵습니다. 그것은 이미 정해진 진화론의 가설에 따라 화석의 나이를 가늠하는 과정일 뿐입니다. 증거에 맞추어 이론을 세우고 고쳐 나가는 것이 아니라, 이론에 맞추어 증거를 정리하고는 그 이론이 옳다고 주장하는 식이지요.

진화론자들이 지구의 나이를 수십억 년으로 추정하게 된 것은 이 지질계통표를 만든 다음의 일입니다. 뒤에서 다루겠지만, 애초에 화석은 지구의 나이를 측정하기에 적절한 대상이 아닙니다. 게다가 진화론자들은 이 지질계통표를 1870년대에 이미 완성했습니다. 오늘날의 과학 수준에서 지질의 나이를 측정하는 가장 적합한 방법이 방사성 연대 측정법인데, 이 방법이 널리 사용되기 시작한 때가 1950년대 이후입니다. 그러니까 처음 지질계통표가 등장했던 19세기 말에는 아직 지질 연대 측정법이 등장하지도 않았던 거죠. 진화론자들은 순전히 진화론적 상상만으로 이 인위적인 화석들의 집합 위에 수억 년이란 긴 나이를 뒤집어 씌운 셈입니다.

이렇게 두루 살피고 나니, '노아의 홍수 사건'을 제대로 이해하는 일이 더욱 중요하게 생각되지 않나요? '노아의 홍수' 직후 이루어진 지층 속 화석들의 위치는 그것들이 살았던 연대가 아니라 원래 있던 장소, 곧 매몰 지점을 알려 줍니다.

또 화석에서 읽어 낸 정보를 수십억 년의 진화 과정이나 지질계통표의 법칙에 굳이 끼워 맞추지 않아도 괜찮지요. '노아의 홍수' 시기에 형성된 지층과 화석은 일 년여 동안 만들어진, 대격변의 결과입니다.

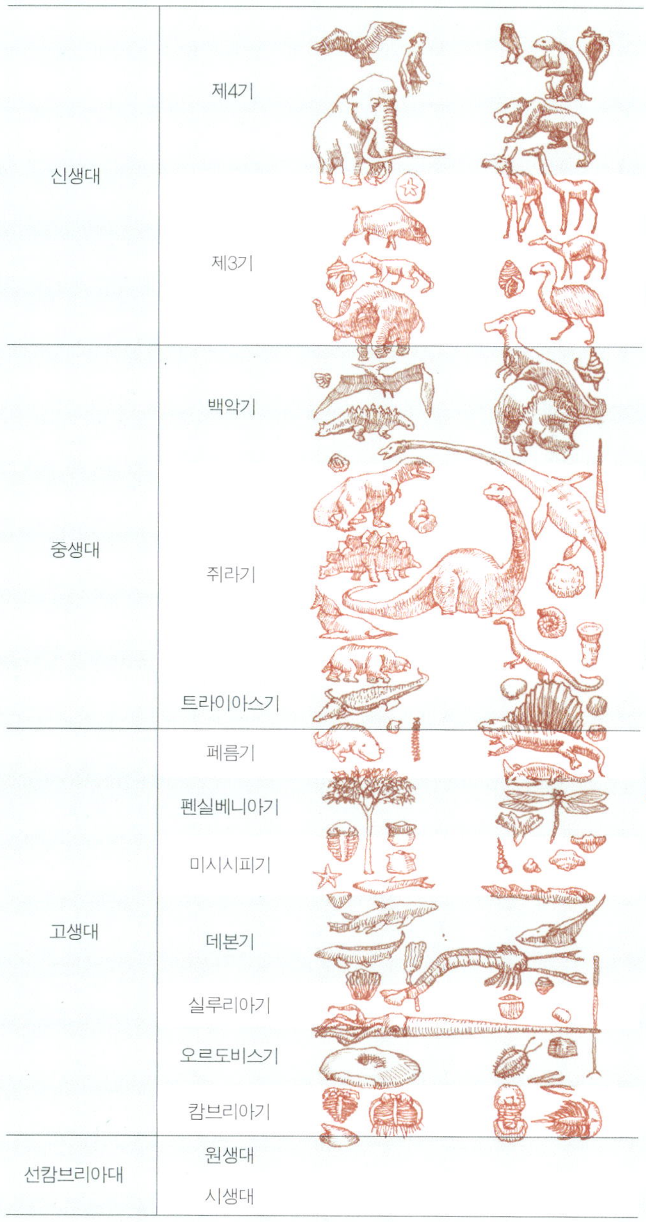

지질계통표

창조과학 프리즘

표준 화석은 정말 표준인가?

진화론적 지질학자들이 지질계통표를 만들기 위해 사용하는 도구, 그것이 바로 '표준 화석'입니다. 지질계통표의 연대를 결정할 때 기준으로 삼는 화석을 가리키지요. 예를 들어, 대표적인 표준 화석인 삼엽충은 고생대 가장 초기인 캄브리아기 혹은 오르도비스기에 살았다고 추정됩니다. 그래서 만약 어떤 곳에서 삼엽충 화석이 발견되면, 그 지층의 연대를 캄브리아기 또는 오르도비스기로 정하는 거지요.

진화론이 처음 등장했던 1800년대 중엽부터, 지질학자들은 화석이 진화론을 뒷받침하는 좋은 근거라면서 표준 화석의 타당성에 강한 믿음을 드러냈습니다. 그리고 동일한 종류의 화석이 서로 다른 곳에서 발견되면, 이 두 지층이 같은 시대에 이루어졌다고 생각했지요. 이런 생각은 지층이 오랜 세월 쌓이고 쌓인 결과 만들어졌다는 것, 그리고 진화론은 의심의 여지 없이 완전히 사실이라는 믿음에서 솟아난 것입니다. 하지만 만약 이 생각의 뿌리가 틀렸다면 어떨까요? 지층이 순간의 격변에 의해서 만들어졌고, 진화론의 전제가 잘못되었다면 말이에요. 당연히 표준 화석의 타당성에 관해서도 다시 생각해야 하지 않을까요?

더욱이 지질학자들이라고 해서 세상 모든 곳을 다녀 본 것은 아니니까, 더 많이 연구하면 할수록 기존에 알던 사실들을 고치고 새롭게 정리해야 할 필요가 생기겠지요. 이 점은 표준 화석의 경우도 마찬가지랍니다. 이미 표준으로 정해 놓았던 화석의 순서가 뒤바뀔 가능성도 얼마든지 있다는 뜻이지요. 실제로 맥스웰이라는 한 지질학자는 척추동물의 화석들을 지층 순서와 함께 비교하면서 240과(분류학상의 이름) 이상이 다른 지층에서도 거듭 발견되므로 그것을 표준 화석으로 보기 어렵고, 표준으로 사용하기도 불가능하다고 발표했습니다(1990년). 또 시카고 대학의 셉코스키 교수 역시 해양 무척추동물의 경우 위와 비슷한 이유로 513과를 표준 화석으로 사용하기는 불가능하다고 결론 내렸죠(1992년). 이처럼 오늘날 표준 화석의 타당성에 의문을 갖는 것은 매우 흔한 일이라서, 예외가 아니라 지질학의 '법칙'이라고 말할 정도랍니다.

지구상의 지층을 가장 잘 드러낸다고 하는 그랜드캐니언에서도 한 시대의 표준 화석이 다른 연대의 지층에서 발견되는 일이 적지 않습니다. 그랜드캐니언의 맨 꼭대기 지층은 진화론적으로 고생대의 가장 최근 시대인 페름기의 것인데, 바로 여기서 삼엽충 화석이 발견되었습니다. 삼엽충은 고생대 중에서도 가장 오래전 시기의 표준 화석인데 말이지요. 이렇게 지층과 화석의 연대가 서로 다른 경우는 얼마든지 있답니다.

자, 이렇게 보니 화석만으로 지층의 나이를 확정하기는 어렵겠지요? 표준 화석의 타당성을 온전히 믿기도 힘들고요. 게다가 화석이나 지층이 진화론의 순서대로 발견되는 것도 아니에요. 엄밀히 말해, 표준 화석에 관한 발상은 진화론에 대한 상상과 믿음에서 솟아난 것입니다.

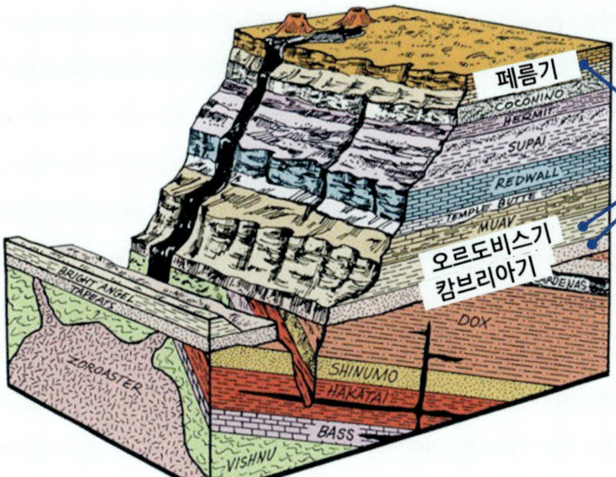

삼엽충

창조과학 프리즘

화석이 수십억 년의 나이를 말할까?

: 탄소 연대 측정법의 원리

과학자들은 동식물과 같은 유기물의 나이를 재기 위해 탄소 연대 측정법을 활용합니다. 그런데 탄소를 가지고 화석의 나이를 측정하는 과학자는 거의 없습니다. 탄소 연대 측정법을 활용한다면서 탄소를 쓰지 않는다니, 이게 무슨 소리일까요? 아래의 글을 읽으면 이 말의 뜻을 알아차릴 수 있을 거예요.

유기물의 연대를 측정하는 데는 보통 탄소14가 사용됩니다. 그런데 탄소14는 불안정성을 지닌 원소로, 시간이 지날수록 질소 기체로 변해 가는 성질을 지니고 있지요.

공기 중 혹은 살아 있는 동식물에는 탄소14가 아주 적게 들어 있습니다. 일반적인 탄소인 탄소12와 비교할 때, 탄소14의 양은 "1/1조" 밖에는 되지 않거든요. 동식물이 살아 있는 동안에는 탄소14가 들락날락하기 때문에 대기와 평형을 이루어 이 '1/1조'라는 비율이 유지됩니다. 그런데 죽고 나면 상황이 달라집니다. 죽은 동식물 안에 있던 탄소14가 질소 기체의 형태로 변해 버리니, 체내에 있던 탄소14의 양이 점점 줄어드는 것입니다. 그래서 죽은 지 얼마 안된 동식물의 몸 속에는 탄소14가 많이 남아 있지만, 죽은 지 오래된 것일수록 몸 속 탄소14의 양이 매우 적습니다. 이런 원리에 따라 과학자들은 화석에 남은 탄소14의 양을 가지고서 그 동식물의 죽은 때를 계산합니다.

그런데 탄소14는 5730년마다 절반씩 줄어듭니다. 죽자마자 계산하면 1/1조, 죽은 지 5730년이 되면 1/2조, 11460년이 되면 1/4조, 17190년이 되면 1/8조(그래프 참고) 하는 식이죠. 그런데 처음부터 탄소14는 1/1조밖에 안 되는 아주 적은 양이어서, 죽은 지 5만 년만 지나면 수학적으로 측정 가능한 탄소14의 양이 남기 어렵습니다. 다시 말해, 남은 탄소14의 양이 너무 적어서 도저히 나이를 가늠할 수 없는 것입니다. 그래서 진화론적으로 몇 억 년, 몇 천만 년씩 되었다는 화석들은 사실 그 나이를 측정하지 못한 경우가 대부분이지요.

그렇다면 화석의 나이를 측정한 적도 없이 어떻게 그리 오래되었다고 말할 수 있을까요? 그 근거는 역시나 앞서 다루었던 지질계통표입니다. 1870년대에 진화론에 대한 믿음으로(!) 지구상에 존재하지 않던 지질계통표를 만들더니, 이제는 아무런 과학적 측정 과정 없이 그 화석들이 수천만 년이나 되었다고 정해 버린 것입니다. 그러고는 다시금 이 사고에 갇혀 제자리를 맴돌고 있지요.

그렇다면 탄소14를 가지고 측정한 화석의 실제 나이는 얼마나 될까요? 만약 그 화석에서 탄소14가 검출된다면, 적어도 죽은 지 5만 년이 넘진 않았다는 뜻이겠지요. 지금껏 탄소 측정법으로 그 나이를 살필 수 있었던 경우에는 삼엽충, 나무, 심지어 공룡까지 포함됩니다. 이 모든 화석들은 모두 충분한 양의 탄소14를 갖고 있었습니다. 즉, 5만 년 이상의 나이를 가진 것은 없었습니다!

탄소 연대 측정 방법 자체에도 여러 가지 신뢰할 수 없는 변수가 존재합니다. 무엇보다 화석들은 자기 나이가 그렇게 오래되었다고 말하지 않으니까요. 그러므로 지질계통표가 진리가 아니라는 것, 그리고 화석들이 노아의 대홍수 때 매몰되었다는 점을 기억하는 것이 중요합니다. 물론 수십억 년에 이른다는 막연한 지구의 나이를 받아들일 이유도 없고 말이죠.

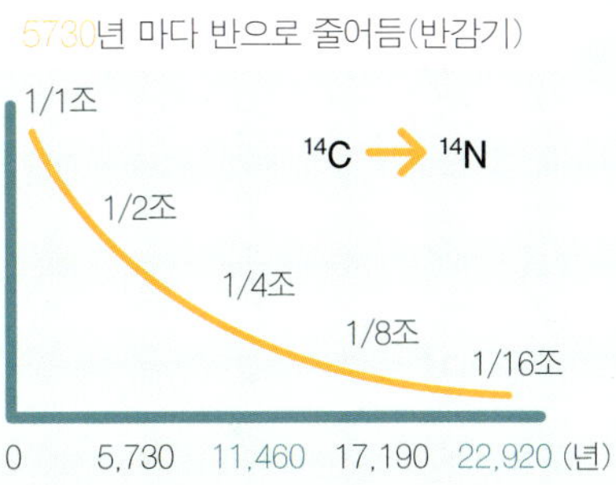

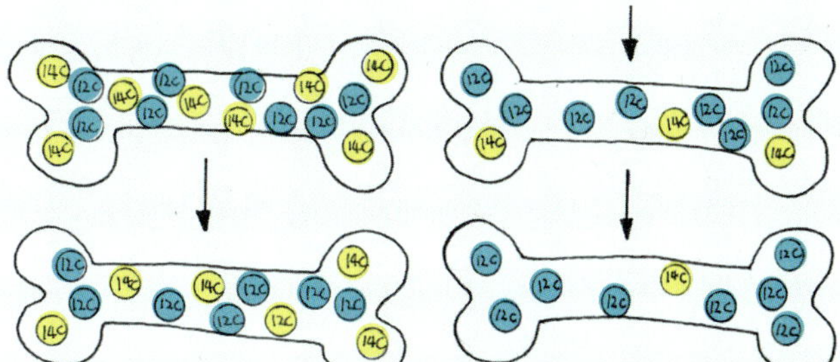

창조과학 프리즘

종과 종류의 이해

생물을 분류할 때 쓰는 가장 작은 단위를 '종(species)'이라고 부릅니다. 그리고 점점 더 큰 단위로서 '속, 과, 목, 강, 문, 계'로 나누죠. 1900년에 들어서기 전에 기본적인 생물 분류는 이미 이루어졌습니다. 다만 이때는 아직 유전학의 법칙이 알려지기 전이어서, 모양을 통한 형태학적 분류만 이루어졌습니다. 그러다 1900년대 초부터 학계에 유전학이 알려지면서 '종'의 뜻을 고쳐야 한다는 목소리가 높아졌습니다. 그 결과, 오늘날 '종'이란 "개체 사이에 교배가 가능한 무리"로 정의됩니다.

간단히 말해서, 서로 교배해 새끼를 낳을 수 있으면 하나의 '종'으로 보는 겁니다. 그러나 이런 정의만큼 '종'이 명쾌히 구분되는 것은 아닙니다. 겉보기에는 꽤 차이가 있으나 교배가 가능한 경우가 있고, 반대로 외견상 비슷하지만 교배가 불가능한 경우도 있으니까요. 그러니까 '종'이 같은지 다른지를 엄밀히 파악하려면 모든 생물들 간에 교배를 시도해 봐야 한다는 말이 되겠죠. 물론 그렇게 하기는 어렵지만요.

예를 들어 늑대, 코요테, 딩고, 개 등은 이전까지 '갯과' 안의 서로 다른 '종'으로 분류되었습니다. 하지만 유전학에 따르면 이들 모두 염색체 숫자가 78개로 같고, 서로 교배가 가능합니다. 또 호랑이, 사자, 고양이 등은 원래 같은 '고양잇과' 안의 다른 '종'으로 분류되었지만, 유전학적으로는 이들 모두 염색체 숫자가 38개로 동일하며, 서로 교배가 가능합니다. 다시 말해, 염색체가 같고 교배가 가능하다면 유전학적으로 같은 '종'이라고 말할 수 있다는 겁니다.

생물학자들이 유전학을 활용하여 '종'에 대한 정의를 바꾸기는 했지만, 문제는 여전히 남아 있습니다. 유전학의 등장 이전에 이루어졌던 형태학적 '종' 분류 방식을 오늘날에도 그대로 사용하기 때문이지요.

물론 생물 분류법을 완전히 다시 꾸리기는 만만치 않은 일입니다. 고치기에 앞서 새로운 분류 방식에 대해 학자들의 동의와 이해를 구하고 교육도 다시 해야지요. 또 기존 논문도 수정해야 합니다. 이 모든 과정을 거친 후에도 여전히 조심스럽습니다. 각 동식물들의 염색체 숫자를 다시금 세어 보아야 하고, 교배 가능성도 일일이 실험해 봐야 하니까요. 게다가 새로운 분류 방식을 만드는 것이 의무도 아니라니, 이미 익숙해진 원래의 방식을 굳이 힘들여 바꾸려고 하지 않지요.

하지만 새 연구 결과를 제대로 반영하지 않은 현재의 상황은 생물학자 자신뿐 아니라 일반 사람들에게도 혼돈을 불러일으키기 쉽습니다. 교과서에다가는 교배 가능한 유전적 집단이라고 써 놓고서, 생물 분류는 여전히 형태학적 방식에 따라 서로 다른 '종'으로 분류하다니요. 또 '종' 분류 이후에도 문제는 남습니다. 실제로 유전적 집단으로 보았을 때 어떤 것은 '종', 어떤 것은 '속', 어떤 것은 '과'일 수 있거든요. 참고로 유전학에서 가장 가까운 교배의 한계는 '과'에 해당된답니다.

종류 〉〉 Kind

계 Kingdom
문 Phylum
강 Class
목 Order
과 Family
속 Genus
종 Species

고양잇과

창조과학 프리즘

라이거는 어떻게 태어났을까?

라이거(liger)'는 사자와 호랑이의 교배로 태어난 동물입니다. 교배가 가능하다니, 사자와 호랑이는 한 '종'이겠지요. 하지만 여전히 호랑이와 사자를 한 종으로 묶지 않은 채 서로 다른 종으로 분류하고 있습니다. 이런 상황은 개도 마찬가지입니다. 개와 늑대는 유전학적으로 교배가 가능한 하나의 종이지만, 형태학적 분류에서는 여전히 갯과 안의 다른 종으로 분류되어 있거든요.

창조과학자나 진화과학자나 사자, 호랑이, 고양이가 한 조상에서 나왔다는 점은 모두 인정합니다. 개의 경우도 마찬가지입니다. 늑대, 코요테, 딩고, 각종 개들이 모두 한 조상에서 나왔다는 것은 정설입니다. 이들은 모두 유전적인 재조합에 따라서 다양한 새끼를 낳을 수 있기 때문이지요.

창조과학자들은 '종'이란 단어보다는 '종류'란 단어를 더 많이 사용합니다. 그 이유는 두 가지입니다. 첫째는 앞에서 본 혼란상 때문입니다. 생물학자들이 '종'에 대한 정의를 유전적 한계로 정해 놓고도 여전히 형태학적 분류 방식을 혼용하기 때문이지요.

또 다른 이유는 성경에서 '종류'란 단어를 사용하기 때문입니다. 창세기 1장에선 하나님께서 생물들을 "종류대로" 창조하셨다고 전하는데, 이 말이 열 번이나 등장합니다. 또한 이 '종류'는 홍수 심판 때 더 구체적으로 언급되지요. 주님은 방주에 동물들을 "종류대로" 탑승시키라고 하시며, 이유는 '그 씨를 보존시키기 위해서'(창 7:3)라고 말씀하십니다. 즉, 새끼를 낳을 수 있는 집단을 가리켜 '종류'라고 분명히 부르신 것입니다.

그래서 방주에 동물들이 탔을 때는 호랑이, 사자, 고양이 등이 각각 두 마리씩 탄 것이 아니라, 고양잇과 동물 두 마리가 탄 것입니다. 그리고 이들 종류가 나와서 교배해서 흩어지고 거주지가 서로 격리되면서 지금과 같은 다양한 모습들을 이룬 것이죠.

특별히 '격리'라는 것은 모양을 다양하게 만드는 가장 중요한 요인입니다. 예를 들어, 방주에서 나온 고양잇과 암수가 교배했다고 생각해 봅시다. 이때 부모들은 호랑이나 사자를 닮은 새끼들을 낳았겠지요. 그런데 호랑이는 산에서 살기에 적합한 신체를 가졌고, 사자는 들에서 살기에 적합한 신체를 가졌던 거예요. 생명체는 더 잘 살아남을 수 있는 환경을 택하기 마련이니, 이들은 헤어져서 서로 만날 수 없이 '격리'되었던 것이고요. 그렇게 흩어져 모인 각각의 동물들이 무리를 이루고 대를 이어 가며 자신을 닮은 새끼들을 낳아 오늘에 이른 것이죠. 만약 애초에 격리되지 않았다면, 호랑이와 사자가 서로 교배해서 다시 중간 모습의 새끼를 낳았겠지요. 하지만 결과적으로는 호랑이와 사자가 서로 격리되어 살다가 아주 오랜만에 만나서 교배하여 라이거가 태어나게 되었답니다.

라이거

창조과학 프리즘

방주에 모든 동물들이 탈 수 있을까?

정결한 짐승은 일곱씩
부정한 동물은 둘씩
공중의 새는 일곱씩
암수가 쌍을 이루어서
종류대로
육지에서 코로 숨을 쉬는 것들만

성경에는 방주에 동물들을 태우는 방식이 비교적 자세히 기록되었습니다.

방주에 동물들을 태우신 목적은 '그 씨를 보존시키기 위해서'(창 7:3)입니다. 앞에서 보았듯이 '종류'란 말은 서로 교배할 수 있는 묶음을 의미하며, 생물 분류상 '과'에 가장 가깝다고 할 수 있습니다. 그런데 생물 분류 기준으로 방주 안에 '과'만이 탔다고 가정하면, 방주 안에는 육지 동물들이 329'과' 이상 들어갈 필요가 없습니다. 육지에서 코로 숨을 쉬는 동물이라면 포유류, 파충류, 조류 정도가 해당되는데, 이들의 '종'에서 '과'를 따져 세어 보면 이 정도의 숫자가 나옵니다.

만약 '과'의 바로 아래 구분인 '속'을 기준으로 포유류, 파충류, 조류가 일곱 마리 혹은 두 마리씩 쌍을 이루어 들어갔다면 어떨까요? 계산상으로 아무리 많이 들어간다 해도 방주 안에 16,000마리 이상은 들어갈 필요가 없습니다. 이는 전체 방주의 용량의 13%를 차지하는 수치입니다. 그러니까 방주의 크기가 이 모든 동물들을 태우기에 충분히 넉넉했다는 뜻입니다.

방주에 탔던 동물들은 홍수가 그치자 밖으로 나와 서로 교배하여 매우 다양해졌습니다. 또 신체의 차이와 생존 환경에 맞추어 새로운 장소로 각각 퍼져 나가 격리되면서 지금과 같은 다양한 형태의 동물들로 자리잡은 것이지요.

또 하나, 방주는 오늘날과 같이 실내에 운전 장치가 마련된 배가 아니었습니다. 사람의 힘이나 의지로 운항할 수 있는 배가 아니었다는 뜻이지요. 방주가 노아 가족과 동물들만 태우도록 설계된 상자 모양의 배였다는 점도 중요하니 기억해 두세요.

Woodmorappe, 1996,
Noah's Ark Feasibility(노아 방주의 적합성)

창조과학 프리즘

판구조론에 대하여

지구 껍데기를 가키려 '지각'이라고 부릅니다. 이 지각은 여러 개의 커다란 판, 곧 지판들로 구성되었습니다. 그리고 이 지판들은 과거에 상대적으로 움직였다고 여겨지는데, 이런 이론을 판구조론이라고 부릅니다. 예를 들어 대서양을 중심으로 남아메리카 동쪽 해안선과 아프리카 서쪽 해안선을 맞추면 잘 맞아떨어집니다. 양 대륙은 지층도 서로 연결되지요. 다시 말해, 예전엔 이 두 대륙이 서로 붙어 있었지만, 언젠가 대서양을 중심으로 나뉘어져서 지금의 위치에 온 거예요. 판구조론은 창조과학자를 포함해서 대부분의 지질학자들이 동의하는 이론입니다.

그래도 의견 차이는 나타납니다. 바로, 지판들의 과거 속도에 관한 부분이지요. 지질계통표가 지구의 역사를 나타낸다고 믿으며 지구 나이가 수십억 년에 이른다고 생각하는 지질학자들은 오늘날 지판들이 매년 2~15cm씩 이동한다고 봅니다. 그래서 과거에도 이와 똑같은 속도로 움직였다고 가정하지요(뒤의 동일과정설 참고). 말하자면 지판들이 움직여서 지금의 바다가 만들어지는 데만 수천만 년이 걸렸다고 해석하는 것입니다.

반면에 지층과 화석이 대홍수로 형성되었다고 믿는 지질학자들은 이 지판들이 과거 언젠가 발생했던 격변에 의해서 빠르게 움직였다고 생각합니다. 실제로 이 책에서 보여 주는 것처럼 지판들의 빠른 이동에는 특별히 노아 홍수 후기에 물이 바다로 물러가는 과정이 큰 역할을 했던 것 같습니다. 우리가 이 책에서 보았듯이 지층이 휘어진 습곡, 산꼭대기에서 관찰되는 수많은 해양 화석들, 현재 대양 바닥에 퇴적물이 거의 없는 점 등의 여러 사실들은 노아 홍수 전기에 만들어진 지층과 화석이 아직 굳기 이전에 형성되었다는 전제 하에 쉽게 설명됩니다.

실제로 최근의 지질학계에서는 지판들이 과거 언젠가 빠르게 이동했다고 분석하는 논문들이 속속 등장하고 있습니다. 특별히 판구조론에 관한 컴퓨터 3차원 모델로 유명한 미국의 지질학자 바움가드너의 이야기를 들어 볼까요? 그는 저명 학술지인 〈네이처〉 지와 〈사이언스〉 지를 통해서 지판들이 과거 초당 수 m라는 가공할 속도로 움직였다는 모델을 제시했습니다(1996, 1998년). 고돈이란 지질학자 역시 지판들이 과거에 훨씬 빠른 속도로 움직였다는 주장의 증거들을 〈네이처〉 지에 게재했습니다(1991년).

창조과학 프리즘

두 패러다임

: 동일과정설과 격변설

지구의 과거를 연구하는 분야가 바로 지질학입니다. 지구가 과거에 대체 어떤 과정을 겪었길래 암석, 지층, 화석, 석탄, 산, 강, 바다, 대륙 등이 지금의 모습을 갖추었는지를 탐구하는 학문 분야이지요. 그런데 과거를 추적하기란 참으로 어렵습니다. 이 학문의 연구 대상들은 아무런 말이 없기 때문입니다. 그래서 지질학자들은 대상들을 보고서 어느 정도 자기만의 견해나 관점으로 해석할 수밖에 없습니다. 이런 주관을 가리켜 "패러다임"(Paradigm)이라고 부릅니다.

1800년대 이전에는 유럽 지질학자들의 대부분이 지금의 지층이나 산과 같은 지구의 모습들은 격변에 의해 이루어졌다고 해석했습니다. 그리고 그 격변이 성경에 기록된 홍수 심판과 관련 있다고 믿었지요. 이와 같이 지질학의 어떤 대상이 격변에 의해서 형성되었다고 여기는 패러다임을 "격변설"이라고 부릅니다. 격변설은 지층과 산들이 대격변에 의해 만들어졌으므로 지구의 역사가 그리 길지 않다고 말합니다. 그래서 '젊은 지구론'이라고도 불립니다.

그러다 1800년대에 접어들면서 지질학계에서 격변설을 배제하는 분위기가 일었습니다. 오늘날과 동일한 속도와 강도로 지금의 지형이 형성되었다고 생각하게 된 것입니다. 말하자면 이렇게 결론 내린 것이죠. '과거에도 지구가 지금과 동일한 변화를 겪었다면? 오늘날에도 산은 아주 천천히 침식된다. 따라서 이 정도로 깊은 골짜기를 남겨 놓은 것은 수만에서 수십만 년이나 걸리는 오랜 움직임의 결과다.' 이 패러다임은 "동일과정설"이라고 부릅니다. 이 이론에서는 지층이 쌓이고 쌓여서 형성되었으며, 골짜기는 깎이고 깎여서 만들어졌다고 주장하므로 지구의 나이가 아주 오래되었다고 생각합니다.

동일과정설은 1883년에 변호사였던 라이엘이 쓴 《지질학의 원리》라는 책이 출판되면서부터 불거졌습니다. 그는 "현재는 과거를 알 수 있는 열쇠"라는 명제로부터 출발하여 극단적인 동일과정설로 지구를 설명했습니다. 또 1859년에는 동일과정설에 매료되었던 찰스 다윈이 생물들을 진화론으로 해석한 《종의 기원》을 발표했습니다. 그리고 이 두 이론이 합쳐진 결과 고생대, 중생대, 신생대로 지구의 역사를 나누는 지질계통표가 만들어진 것입니다. 그 이래로 바로 이러한 패러다임 밑에서, 수십억 년 동안 지구에선 진화와 멸종이 반복되어 왔다고 말하는 진화론과 그에 관해 가르치는 교과서가 탄생했습니다.

그러다 1970년대에 들어서면서 동일과정설의 패러다임을 다시 검토하려는 지질학자들이 등장했습니다. 이들은 특히 실제 실험을 시도했지요. 그러자 결과는 아주 색달랐습니다. 지구의 지층, 화석, 석탄, 산, 강, 바다, 대륙 등이 오늘날과 전혀 다른 격변에 의해 형성되었다는 사실을 알게 된 것입니다. 이 격변설은 성경에 기록된 대홍수 사건을 통하여 볼 때 가장 잘 맞아떨어집니다.

찰스 다윈 Charles Darwin

찰스 라이엘 Charles Lyell

창조과학 프리즘

역사과학과 실험과학

과학은 "실험과학"과 "역사과학"으로 나눌 수 있습니다. 실험과학이란 우리가 알고 있는 통상의 과학입니다. 예를 들어 시료를 통한 화학 분석, 현미경을 통한 세포 분열 과정, 공을 이용한 중력 실험, 컴퓨터나 비행기를 제작하기 등이 여기에 속하지요. 실험을 통해서 그 결과를 얻어 낼 수 있으며 재현 가능한 것은 모두 실험과학에 포함됩니다.

한편 역사과학은 현재 내 손 안에 있는 연구 대상을 통해 과거 사실을 추적하는 분야입니다. 실험과학이나 역사과학이나 연구 대상이 모두 현재 내 손에 있다는 점에서는 같습니다. 다만 역사과학은 실험과학과 달리 현재의 현상이 아니라 '과거'에 일어났던 것들에 관심을 기울이지요. 예를 들어 지층, 화석, 석탄, 산, 바다 등을 보면서 과거 언젠가 일어났던 일들을 추적하는 지질학이 역사과학의 한 분야입니다.

살인 사건의 수사 과정을 생각한다면 역사과학이 어떻게 이루어지는지 가늠하기 쉽습니다. 일단 사건이 벌어지면 형사가 등장해서 증거들을 수집하고 시체를 조사하지요. 형사의 목적은 사건의 진상을 밝히는 것, 바로 과거에 무슨 일이 일어났는지를 알아 내는 것입니다. 이 과정에서 형사가 가장 반기는 일이 무엇일까요? 당연히 그 살인 장면을 목격한 증인을 만나는 것이겠지요. 그 증인의 말을 토대로 현장에서 얻은 증거들을 검토해서 사실 관계가 잘 맞아떨어지면, 그 증언이 옳다고 확신하게 되는 것입니다.

그런 면에서 동일과정설의 명제, 곧 "현재는 과거를 알 수 있는 열쇠"라는 말은 역사과학자의 입장에선 납득할 수 없습니다. 현실과 동떨어진 자세로 보이는 것이지요. 그 자리에 있던 증인을 완전히 배제하려는 발상이니까요. 수사 과정에서 증인을 찾아 이야기를 듣는 것이 중요하듯이, 지구의 지난 역사를 추적하는 과정에서도 증인을 먼저 채택하는 것이 현실적이고 자연스러운 수순입니다.

다른 사람들과 달리 크리스천들은 이 점에서 유리합니다. 바로 그 자리에 계셨던 하나님을 만났기 때문입니다. 그리고 그분을 증인으로 택하자 그분의 증언과 우리가 손에 쥐었던 증거들이 잘 맞아떨어진다는 사실을 확인하게 되었습니다. 종류대로 창조된 생물들, 이들을 다스리는 하나님의 형상을 입은 사람, 그리고 그 후에 일어났던 대격변의 홍수 심판….

지구상의 모든 생물, 지층, 화석, 석탄, 산, 강, 바다, 대륙 등 만물의 역사는 거기 계셨던 하나님의 증언을 통해 분명히 드러납니다. 그들이 과거에 어떤 일들을 경험했는지 궁금한가요? 그렇다면 먼저 하나님의 말씀에 가만히 귀 기울여 보세요!

창조과학 관련 사이트

창조과학선교회 ACT
www.hisark.com

한국창조과학회
www.creation.or.kr

창조과학전시관
www.tjkacr.or.kr

창조자연사박물관
www.cjmuseum.net

미국창조과학연구소
www.icr.org